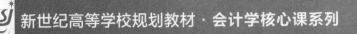

新世纪高等学校规划教材·会计学核心课系列

U0599676

扫码获取教学资源

纳税申报
原理与实训

主　编◎李战奇

副主编◎崔　丹　王子豪

北京师范大学出版集团
BEIJING NORMAL UNIVERSITY PUBLISHING GROUP
北京师范大学出版社

图书在版编目(CIP)数据

纳税申报原理与实训/李战奇主编. —北京：北京师范大学出版社，2018.8(2019.1重印)

(新世纪高等学校规划教材·会计学核心课系列)

ISBN 978-7-303-24021-0

Ⅰ. ①纳… Ⅱ. ①李… Ⅲ. ①纳税－税收管理－中国－高等学校－教材 Ⅳ. ①F812.423

中国版本图书馆 CIP 数据核字(2018)第 180061 号

营销中心电话	010-62978190　62979006
北师大出版社科技与经管分社	www.jswsbook.com
电子信箱	jswsbook@163.com

NASHUI SHENBAO YUANLI YU SHIXUN

出版发行：北京师范大学出版社　www.bnup.com.cn
北京市海淀区新街口外大街 19 号
邮政编码：100875

印　　刷	北京玺诚印务有限公司
经　　销	全国新华书店
开　　本	787 mm×980 mm　1/16
印　　张	11.75
字　　数	205 千字
版　　次	2018 年 8 月第 1 版
印　　次	2019 年 1 月第 2 次印刷
定　　价	35.00 元

策划编辑：李红芳	责任编辑：李红芳
美术编辑：刘　超	装帧设计：刘　超
责任校对：赵非非　黄　华	责任印制：赵非非

序

　　德是育人的灵魂统帅，是一个国家道德文明发展的显现。坚持"育人为本，德育为先"的育人理念，把"立德树人"作为教育的根本任务，为郑州工商学院校本教材建设指引方向。

　　"立德树人，德育为先。"教材编写应着眼于促进学生全面发展，创新德育形式，丰富德育内容，将习近平新时代中国特色社会主义思想渗透到教材各个章节中，引导广大学生努力成为有理想、有本领、有担当的人才，使他们真正做到像习近平总书记在十九大报告中要求的"坚定理想信念，志存高远，脚踏实地，勇于做时代的弄潮儿"。

　　"立德为先，树人为本。"要培养学生的创新创业能力，强化创新创业教育。要以培养学生创新精神、创业意识与创业能力为核心，以培养学生的首创与冒险精神、创业能力和独立开展工作等能力的提升为教育指向，改革教育内容和教学方法，突出学生的主体地位，注重学生个性化发展，强化创新创业教育与素质教育的充分融合，把创新创业作为重要元素融入素质教育。

　　郑州工商学院校本教材注重引导学生积极参与教学活动的过程，突破教材建设过程中过分强调知识系统性的思路，把握好教材内容的知识点、能力点和学生毕业后的岗位特点。教材编写以必需和够用为度，适应学生的知识基础和认知规律，深入浅出，理论联系实际，注重结合基础知识、基本训练以及实验、实训等实践活动，培养学生分析、解决实际问题的能力和提高实践技能，突出技能培养目标。

前　言

　　纳税申报实务是会计、财务管理及其他相关专业的一门重要的专业课程，它是在整合"税法"和"纳税申报技术"两门课的基础上形成的一门理论知识与实践技能相结合的系统化课程。从目前情况来看，很多高校开设了"税法""税务筹划""税务会计"课程，但很少有学校同时开设"纳税申报实务"课程，以培养学生涉税业务处理能力为目的的教程也不多，再加之税收法规政策变动非常大，尤其是近两年，"营改增"顺利完成，税收申报的主要形式也向电子申报转变，以前的教程已经无法适应现在的需要。为提供一套符合现行税收法规制度的纳税申报实训教材，本书的编者们花费了大量时间编写出这本《纳税申报原理与实训》教材。

　　本书以浙江税友衡信有限公司开发的纳税申报实训软件为依托，利用系统案例中提供的业务原始凭证和纳税申报表格为学生提供了一个全真的纳税模拟空间。通过模拟实务演练，可以促使学生将所学的税法与会计专业知识有机地结合起来，可以培养学生对增值税、消费税、个人所得税、企业所得税等税种的税额计算能力，可以锻炼学生对各个税种的纳税申报主表及附表的填列能力，进而达到对所学理论知识的充分理解和运用，又培养了学生的实际操作能力和综合能力。

　　本书由李战奇任主编，参加编写的还有崔丹、王子豪。具体分工如下：李战奇（第一章、第五章），崔丹（第二章、第三章），王子豪（第四章、第六章）。最后由李战奇修改定稿并总撰。

　　本书在编写过程中虽然进行了不懈的探索和努力，但由于编写时间仓促，水平有限，书中难免存在错误和疏漏之处，恳请各位读者、专家批评指正。

编者

2018 年 5 月

目　录

第一章　纳税申报基础 /1

【学习目标】 …………………………………………… 1

第一节　税收征管知识 ………………………………… 1

一、税务登记 ……………………………………… 1

二、税务登记证管理 ……………………………… 2

三、纳税人资格认定和税种认定 ………………… 3

四、账簿和凭证管理 ……………………………… 3

五、发票管理 ……………………………………… 3

六、纳税申报 ……………………………………… 4

七、税款征收 ……………………………………… 5

八、税务检查 ……………………………………… 6

第二节　纳税申报实训软件介绍 ……………………… 6

【本章小结】 …………………………………………… 7

【练习题】 ……………………………………………… 7

第二章　增值税一般纳税人纳税申报原理与实训 /8

【学习目标】 …………………………………………… 8

第一节　增值税一般纳税人纳税原理 ………………… 8

一、增值税的概念 ………………………………… 8

二、增值税的一般纳税人 ………………………… 8

三、增值税的征税范围 …………………………… 8

1

四、增值税应纳税额的计算 ································ 11

五、增值税的税收优惠 ···································· 13

六、增值税的纳税期限 ···································· 14

七、增值税的纳税地点 ···································· 15

八、增值税发票的使用及管理 ··························· 15

第二节　增值税一般纳税人纳税申报流程 ·············· 18

一、登录实训系统 ··· 18

二、发票采集 ·· 19

三、申报表填写 ··· 19

四、申报表发送 ··· 19

五、申报结果查询 ··· 21

六、网上缴税 ·· 21

第三节　增值税一般纳税人纳税申报实训案例 ·········· 22

一、实训案例资料 ··· 22

二、实训案例分析 ··· 25

三、实训操作过程 ··· 25

【本章小结】 ··· 44

【练习题】 ··· 45

第三章　增值税小规模纳税人纳税申报原理与实训 /52

【学习目标】 ··· 52

第一节　增值税小规模纳税人纳税原理 ················· 52

一、增值税小规模纳税人的概念 ························· 52

二、小规模纳税人应纳税额的计算 ······················ 52

三、增值税征收率 ··· 53

第二节　增值税小规模纳税人纳税申报流程 ············ 53

一、税款所属期设置 ······································ 53

二、申报表填写 ··· 53

三、申报表发送 ··· 54

四、网上缴税 ·· 55

第三节　增值税小规模纳税人纳税申报实训案例 ·············· 56
一、实训案例资料 ················ 56
二、实训案例分析 ················ 57
三、实训操作过程 ················ 58
【本章小结】 ···················· 66
【练习题】 ···················· 66

第四章　消费税纳税申报原理与实训 /71
【学习目标】 ···················· 71
第一节　消费税纳税原理 ··············· 71
一、消费税的概念 ················ 71
二、纳税义务人 ·················· 71
三、征税范围 ···················· 71
四、消费税应纳税额的计算 ············ 72
五、消费税的征收管理 ··············· 73
第二节　消费税纳税申报流程 ·············· 74
一、系统登录 ···················· 75
二、申报表填写 ·················· 76
三、申报表发送 ·················· 77
四、网上缴税 ···················· 77
第三节　消费税纳税申报实训案例 ············ 78
一、烟类消费税申报实训案例 ··········· 78
二、小汽车消费税申报实训案例 ········· 87
三、成品油消费税申报实训案例 ········· 89
【本章小结】 ···················· 89
【练习题】 ···················· 90

第五章　企业所得税纳税申报原理与实训 /93
【学习目标】 ···················· 93
第一节　企业所得税纳税原理 ·············· 93
一、纳税义务人 ·················· 93

二、征税对象 ………………………………………… 93

三、税率 ……………………………………………… 93

四、企业所得税应纳税额的计算 …………………… 94

五、企业所得税征收方式 …………………………… 97

六、纳税期限 ………………………………………… 97

第二节　企业所得税纳税申报流程 ……………………… 97

一、基础设置 ………………………………………… 97

二、简化选表 ………………………………………… 98

三、申报表填写 ……………………………………… 99

四、申报检查 ………………………………………… 99

五、报表发送 ………………………………………… 100

第三节　企业所得税纳税申报实训案例 ………………… 100

一、实训案例资料 …………………………………… 100

二、实训案例分析 …………………………………… 104

三、实训操作过程 …………………………………… 105

【本章小结】 ……………………………………………… 138

【练习题】 ………………………………………………… 138

第六章　个人所得税纳税申报原理与实训 /147

【学习目标】 ……………………………………………… 147

第一节　个人所得税纳税原理 …………………………… 147

一、个人所得税的概念 ……………………………… 147

二、纳税义务人 ……………………………………… 147

三、所得来源地的确定 ……………………………… 148

四、征税范围 ………………………………………… 148

五、减免税优惠 ……………………………………… 148

六、个人所得税税率与应纳税额的计算 …………… 150

七、个人所得税的征收管理 ………………………… 151

第二节　个人所得税纳税申报流程 ……………………… 153

一、系统登录 ………………………………………… 154

二、申报表填写 ……………………………………… 155

三、申报表发送 ……………………………………………… 156

四、获取反馈 ………………………………………………… 157

五、网上缴税 ………………………………………………… 158

第三节 个人所得税纳税申报实训案例 ………………… 158

一、实训案例资料 …………………………………………… 158

二、实训案例分析 …………………………………………… 159

三、实训操作过程 …………………………………………… 161

【本章小结】 ………………………………………………… 168

【练习题】 …………………………………………………… 168

附 录 /173

参考文献 /176

第一章 纳税申报基础

【学习目标】

1. 了解纳税实训软件；
2. 理解税收征管的一般规定。

第一节 税收征管知识

税收征管一般包括税务登记、税务登记证管理、纳税人资格认定和税种认定、账簿和凭证管理、发票管理、纳税申报、税款征收及税务检查等环节。

一、税务登记

税务登记是整个税收征管的首要环节，是税务机关对纳税人的开业、变更、歇业以及生产经营范围实行法定登记的一项管理制度，其内容主要包括开业税务登记、变更登记、停(复)业税务登记、注销税务登记、外出经营报验登记等。办理税务登记是纳税人的法定业务。

(一)开业税务登记

依据《中华人民共和国税收征收管理法》(以下简称《税收征管法》)的相关规定，企业，企业在外地设立的分支机构和从事生产、经营的场所，个体工商户和从事生产、经营的事业单位(以下统称从事生产、经营的纳税人)应当自领取营业执照之日起 30 日内，持有关证件，向税务机关申报办理税务登记。税务机关应当于收到申报的当日办理登记并发给税务登记证件。工商行政管理机关应当将办理登记注册、核发营业执照的情况，定期向税务机关通报。其他纳税人办理税务登记和扣缴义务人办理扣缴税款登记的范围和办法，由国务院规定。

(二)变更登记

从事生产、经营的纳税人，税务登记内容发生变化的，自工商行政管理机关办理变更登记之日起 30 日内或者在向工商行政管理机关申请办理注销登记之前，持有关证件向税务机关申报办理变更或者注销税务登记。

（三）停（复）业税务登记

实行定期定额征收方式的个体工商户，在营业执照核准的经营期限内需要停业的，应当在停业前向税务机关申报办理停业登记，并由税务机关收取其税务登记证件及副本、发票领购簿、未使用完的发票和其他税务证件。纳税人的停业期限不得超过一年。纳税人在停业期间发生纳税义务的，应当按照税收法律、行政法规的规定申报缴纳税款。

纳税人停业期满或提前恢复生产经营的，应先向税务机关提出复业申请，并领回、启用税务登记证件、发票领购簿及其停业前领购的发票，纳入正常税务管理。纳税人停业期满不能及时恢复生产经营的，应当在停业期满前向税务机关提出延长停业登记申请，否则税务机关将其视为已复业进行征税和管理。

（四）注销税务登记

纳税人发生解散、破产、撤销以及其他情形，依法终止纳税义务的，应当在向工商行政管理机关或者其他机关办理注销登记前，持有关证件和资料向原税务登记机关申报办理注销税务登记。按规定不需要在工商行政管理机关或者其他机关办理注册登记的，应当自有关机关批准或者宣告终止之日起15日内，持有关证件和资料向原税务登记机关申报办理注销税务登记。

（五）外出经营报验登记

纳税人到外县（市）临时从事生产经营活动的，应当在外出生产经营之前，持税务登记证向主管税务机关申请开具《外出经营活动税收管理证明》（以下简称《外管证》）。税务机关按照一地一证的原则，核发《外管证》，《外管证》的有效期限一般为30日，最长不得超过180日。纳税人应当在《外管证》注明地进行生产经营前向当地税务机关报验登记，并提交税务登记证件副本和《外管证》。纳税人应当在《外管证》有效期届满后10日内，持《外管证》回原税务登记地税务机关办理《外管证》缴销手续。

二、税务登记证管理

2016年7月5日，国务院办公厅印发《关于加快推进"五证合一、一照一码"登记制度改革的通知》。从2016年10月1日起，"五证合一、一照一码"登记制度改革在全国范围内全面落地实施。"五证合一、一照一码"，即工商营业执照的注册号、组织机构代码证号、税务登记证号、统计证号及社会保险登记证号统一为一个登记码，标注在营业执照上。

三、纳税人资格认定和税种认定

(一)增值税一般纳税人资格认定

增值税一般纳税人资格认定是指新开业的纳税人、达到一般纳税人标准的小规模纳税人，主管税务机关对其一般纳税人认定申请进行受理、调查、审核、审批的业务。小规模纳税人以外的纳税人应当向主管税务机关申请一般纳税人认定，除国家税务总局另有规定外，纳税人一经认定为一般纳税人后，不得转为小规模纳税人。

新开业的符合一般纳税人条件的企业，应在办理税务登记的同时，申请办理一般纳税人认定手续。

已开业的小规模企业，其年应税销售额达到一般纳税人标准的，应在次年1月底以前申请办理一般纳税人认定手续。

税务机关审核完纳税人的相关信息资料后，企业凭税务机关的通知单领取"增值税一般纳税人资格证书"，税务机关在企业"税务登记证"副本首页加盖"增值税一般纳税人"确认专用章，作为领购增值税专用发票的凭证。

(二)税种认定

在对纳税人进行设立登记后，税务机关根据纳税人的生产经营范围及税法的有关规定，对纳税人的纳税事项和应税项目进行核定，即税种认定。

税务机关对纳税人报送的"纳税人税种登记表"及有关资料进行审核和实地调查后，在"纳税人税种登记表"的有关栏目注明，或书面通知纳税人税种认定结果，以此作为办税的依据。

四、账簿和凭证管理

账簿、凭证是税务机关开展税务稽查的主要对象，是确定纳税人、扣缴义务人是否正确履行纳税义务或者代扣代缴、代收代缴义务的重要凭据之一。纳税人、扣缴义务人按照有关法律、行政法规和国务院财政、税务主管部门的规定设置账簿，根据合法、有效的凭证记账，进行核算。

五、发票管理

发票是单位和个人在购销商品、提供或者接受服务及从事生产经营活动中，开具、取得的收付款书面证明。它是会计核算的原始凭证，也是税务检查的重要依据。根据税法规定，税务机关是发票的主管机关，负责发票印制、领购、开具、取得、保管、缴销的管理和监督。

六、纳税申报

纳税申报是指纳税人、扣缴义务人就纳税事项向税务机关提交书面报告的一种法定制度。

(一)纳税申报对象

纳税人或者扣缴义务人无论本期有无应缴纳或者解缴的税款，都必须按照税法规定的申报期限、申报内容如实向主管税务机关办理纳税申报。

(二)纳税申报方式

纳税人、扣缴义务人进行纳税申报，既可以直接到税务机关办理，经批准也可以以直接申报、邮寄申报、数据电文申报及简易申报等多种方式办理纳税申报。

1. 直接申报

直接申报也称上门申报，是指纳税人和扣缴义务人在规定的申报期限内，自行到税务机关指定的办税服务场所报送纳税申报表、代扣代缴、代收代缴报告表及有关资料。

2. 邮寄申报

邮寄申报是指经税务机关批准，纳税人、扣缴义务人使用统一的纳税申报专用信封，通过邮政部门办理交寄手续，并以邮政部门收据作为申报凭据的一种申报方式。

3. 数据电文申报

数据电文申报也称电子申报，是指纳税人、扣缴义务人在规定的申报期限内，通过与税务机关接受办理纳税申报、代扣代缴及代收代缴税款申报的电子系统联网的电脑终端，按照规定和系统发出的指示输入申报内容，以完成纳税申报或者代扣代缴及代收代缴税款申报的方式。目前纳税人的网上申报，就是数据电文申报的方式之一。

4. 简易申报

简易申报是指实行定期定额的纳税人，通过以缴纳税款凭证代替申报或简并征期的一种申报方式。

(三)纳税申报期限

按照税法规定，凡已办理了税务登记的单位和个人，均应自领取税务登记的次月起到企业所在地税务机关领取"纳税申报表"办理申报纳税。不能按期办理纳税申报或者税款扣缴申报的，可以在规定的期限内向税务机关提出书面延期申请，经税务机关核准，在核准期限内办理。

七、税款征收

税款征收是税务机关依照法律、行政法规的规定，通过法定程序将纳税人应纳税款组织征收入库的一系列活动。税款征收是税收征管工作的中心环节，它既是纳税人依法履行纳税义务的重要表现，也是税收征管工作的目的和归宿。税款征收方式主要有以下几种。

(一)查账征收

查账征收是指税务机关按照纳税人提供的账表所反映的经营情况，依照适用税率计算缴纳税款的方式。其适用于账簿、凭证、会计等核算制度比较健全，能够据以如实核算生产经营情况，正确计算应纳税款的纳税人。

(二)核定征收

税务机关对不能完整、准确提供纳税资料的纳税人，采用特定方法确定其应纳税收入或应纳税额，纳税人据以缴纳税款的一种征收方式。其具体方式主要包括以下三种。

1. 查定征收

查定征收是指由税务机关根据纳税人的从业人员、生产设备、原材料消耗等因素，在正常生产经营条件下，对其生产的应税产品，查实核定产量、销售额并据以征收税款的一种方式。适用于生产规模较小、账册不健全、产品零星、税源分散的小型厂矿和作坊。

2. 查验征收

查验征收是指税务机关对纳税人的应税商品，通过查验数量，按市场一般销售单价计算其销售收入并据以征税的方式。适用于对城乡集贸市场中的临时经营者和机场、码头等场所的经销商的课税。

3. 定期定额征收

定期定额征收是指对一些营业额、所得额不能准确计算的小型工商户，经过自报评议，由税务机关核定一定时期的营业额和所得税附征率，实行多税种合并征收方式。

(三)代扣代缴征收、代收代缴征收

代扣代缴征收是指支付纳税人收入的单位和个人从所支付的纳税人收入中扣缴其

应纳税款并向税务机关解缴的行为；代收代缴征收是指与纳税人有经济往来关系的单位和个人借助经济往来关系向纳税人收取其应纳税款并向税务机关解缴的行为。这两种征收方式适用于税源零星分散、不易控管的纳税人。

（四）自核自缴

自核自缴也称"三自纳税"，是指纳税人按照税务机关的要求，在规定的缴款期限内，根据其财务会计情况，依照税法规定，自行计算税款，自行填写纳税缴款书，自行向开户银行缴纳税款，税务机关对纳税单位进行定期或不定期检查的一种税款征收方式。

（五）委托代征

委托代征是指税务机关为了解决税务专管员人力不足的矛盾，根据法律、法规的授权，并根据加强税款征收，保障国家税收收入实际需要，依法委托给其他部门和单位代为执行税款征收任务的一种税款征收方式。

八、税务检查

税务检查是指税务机关依据法律、法规和财务会计制度的规定，对纳税人、扣缴义务人履行纳税义务、扣缴义务真实情况的监督和审查。税务检查是税收征收管理的重要环节，也是贯彻税收法律、法规，加强纳税监督，堵塞税收漏洞，纠正错漏，保证国家财政收入的一项必要措施。一般来说，税务检查主要包括税务稽查和征管部门的日常检查。

第二节　纳税申报实训软件介绍

本书各个税种实训操作依托于税友软件集团开发的税友实训平台。

税友软件集团股份有限公司（SERVYOU GROUP，以下简称税友集团）是以税务信息化建设与服务（纳税申报、电子税务局、个税管理系统、大企业审计、财税大数据开发与应用等）为主营业务的软件集团。

税友集团成立于 2000 年，总部位于杭州，目前，税友集团在全国拥有 22 家分（子）公司、160 家服务网点、几千名服务工程师，并在石家庄和扬州设立南北互为备份的远程技术服务中心，形成了覆盖全国的服务支持网络。2010 年以来，税友集团连续中标国家金税三期工程核心项目及其后续项目，已成为中国税务系统推进"智慧税务"历史进程的核心战略伙伴。税友先后通过了 CMMI ML4、系统集成一级等资质认证，并全面建立了 ISO 9001 质量管理体系、ISO 20000 IT 服务管理体系。同时，税友集团也是国家规划布局内重点软件企业、国家高技术产业化示范基地。

税友集团推出了一系列针对教学的税务实训产品，包含税务登记、税种鉴定、一般纳税人认定、开票资格认定、金税卡发行、IC 卡发行、增值税发票购买、增值税发票开票、抄报税、增值税发票认证、增值税纳税申报、企业所得税纳税申报、个人所得税纳税全员全额扣缴申报等实训软件、外设、教材、证书等，企业端和税局端一应俱全，仿真程度高。

整个实训内容含以下模块：①增值税防伪税控开票系统操作；②增值税发票网上认证系统操作；③增值税普通发票网上开票系统；④增值税网上申报；⑤企业所得税网上申报；⑥消费税网上申报；⑦个人所得税网上申报。

【本章小结】

税务登记是整个征收管理的首要环节，是税务机关对纳税人的开业、变更、歇业以及生产经营范围实行法定登记的一项管理制度，其内容包括开业税务登记、变更登记、停(复)业税务登记、注销税务登记、外出经营报验登记等。纳税申报是指纳税人、扣缴义务人就纳税事项向税务机关提交书面报告的一种法定制度。税款的征收方式主要有查账征收，核定征收，代收代缴征收、代扣代缴征收，自核自缴，委托代征等。税款缴纳是纳税义务人依税法规定的期限，将应纳税款向国库解缴的活动。

【练习题】

1. 简述税款征收方式。

2. 简述纳税义务人的开业税务登记、变更登记、停(复)业税务登记及注销税务登记的办理程序。

3. 简述纳税申报实训软件所包含的模块。

第二章 增值税一般纳税人纳税申报原理与实训

【学习目标】

1. 了解增值税的概念及纳税义务人；
2. 熟悉增值税的征税范围、税率；
3. 掌握增值税一般纳税人应纳税额的计算以及网上申报与缴纳。

第一节 增值税一般纳税人纳税原理

一、增值税的概念

增值税是以商品和劳务在流转过程中产生的增值额作为征税对象而征收的一种流转税。按照我国增值税法的规定，增值税是对在我国境内销售货物，提供加工修理修配劳务(简称应税劳务)，销售服务、无形资产及不动产(以下简称发生应税行为)，以及进口货物的企业、单位和个人，就其销售货物、提供应税劳务、发生应税行为的增值额和货物进口金额为计税依据而课征的一种流转税。

二、增值税的一般纳税人

一般纳税人是指年应税销售额超过国家税收法律制度规定的小规模纳税人标准的企业和企业性单位。即从事货物生产或者提供加工、修理修配劳务的纳税人，以及以从事货物生产或者提供加工、修理修配劳务为主，并兼营货物批发或者零售的纳税人，年应税销售额在 50 万元以上的；年应税服务销售额超过 500 万元的纳税人；其他行业年应税销售额超过 80 万元的。

年应税销售额未超过规定标准的纳税人，会计核算健全，能够提供准确税务资料的，可以向主管税务机关办理一般纳税人资格登记，成为一般纳税人。

除国家税务总局另有规定外，一经登记为一般纳税人后，不得转为小规模纳税人。

三、增值税的征税范围

增值税的征税范围包括在境内销售货物、提供应税劳务、发生应税行为以及进口货物等。根据《增值税暂行条例》《增值税暂行条例实施细则》和"营改增"的规定，我们将增值税的征税范围分为一般规定和特殊规定。

(一)征税范围的一般规定

现行增值税征税范围的一般规定包括销售货物或者进口的货物、提供的应税劳务和发生的应税行为。

1. 销售货物或者进口的货物

货物是指有偿转让货物的所有权。其中，货物包括所有的有形动产，也包括电力、热力和气体。

2. 提供的应税劳务

应税劳务是指纳税人提供的加工、修理修配劳务。加工，是指受托加工货物，即委托方提供原料及主要材料，受托方按照委托方的要求，制造货物并收取加工费的业务。

修理修配，是指受托对损伤和丧失功能的货物进行修复，使其恢复原状和功能的业务。不含单位或个体工商户聘用员工为本单位或者雇主提供的加工、修理修配劳务。

3. 发生的应税行为

应税行为分为三大类：销售应税服务、销售无形资产和销售不动产。其中，应税服务包括交通运输服务、邮政服务、电信服务、建筑服务、金融服务、现代服务、生活服务、销售无形资产服务及销售不动产服务。具体征税范围如下：

(1)交通运输服务：是指利用运输工具将货物或者旅客送达目的地，使其空间位置得到转移的业务活动。包括陆路运输服务、水路运输服务、航空运输服务和管道运输服务。

(2)邮政服务：是指中国邮政集团公司及其所属邮政企业提供邮件寄递、邮政汇兑和机要通信等邮政基本服务的业务活动。包括邮政普遍服务、邮政特殊服务和其他邮政服务。

(3)电信服务：是指利用有线、无线的电磁系统或者光电系统等各种通信网络资源，提供语音通话服务，传送、发射、接收或者应用图像、短信等电子数据和信息的业务活动。包括基础电信服务和增值电信服务。

(4)建筑服务：是指各类建筑物、构筑物及其附属设施的建造、修缮、装饰，线路、管道、设备、设施等的安装以及其他工程作业的业务活动。包括工程服务、安装服务、修缮服务、装饰服务和其他建筑服务。

(5)金融服务：是指经营金融保险的业务活动。包括贷款服务、直接收费金融服务、保险服务和金融商品转让。

金融商品转让是指转让外汇、有价证券、非货物期货和其他金融商品(基金、信托、理财等资产管理产品和各种金融衍生品)所有权的活动。

(6)现代服务：是指围绕制造业、文化产业、现代物流产业等提供技术性、知识性服务的业务活动。包括研发和技术服务、信息技术服务、文化创意服务、物流辅助服务、租赁服务、鉴证咨询服务、广播影视服务、商务辅助服务和其他现代服务。

(7)生活服务：是指为满足城乡居民日常生活需求提供的各类服务活动。包括文化体育服务、教育医疗服务、旅游娱乐服务、餐饮住宿服务、居民日常服务和其他生活服务。

(8)销售无形资产服务：是指转让无形资产所有权或者使用权的业务活动。

无形资产，是指不具实物形态，但能带来经济利益的资产，包括技术、商标、著作权、商誉、自然资源使用权和其他权益性无形资产。

其他权益性无形资产，包括基础设施资产经营权、公共事业特许权、配额、经营权(包括特许经营权、连锁经营权、其他经营权)、经销权、分销权、代理权、会员权、席位权、网络游戏虚拟道具、域名、名称权、肖像权、冠名权、转会费等。

(9)销售不动产服务：是指转让不动产所有权的业务活动。

不动产，是指不能移动或者移动后会引起性质、形状改变的财产，包括建筑物、构筑物等。

(二)征税范围的特殊规定

增值税的征税范围除了上述的一般规定以外，还对经济实务中某些特殊项目或行为是否属于增值税的征税范围，做出了具体界定。

1. 属于征税范围的特殊项目

(1)货物期货(商品期货和贵金属期货)应当在实物交割环节缴纳增值税。

(2)供电企业进行电力调压并按电量向电厂收取的并网服务费，按照提供加工劳务征收增值税。

(3)二手车的经销业务属于增值税的应税行为。

(4)经营罚没物品(未上缴财政的)收入照章征收增值税。

(5)航空公司已售票但未提供航空运输服务取得的逾期票证收入，按照航空运输服务缴纳增值税。

(6)药品生产企业销售自产创新药的销售额，为向购买方收取的全部价款和价外费用。

(7)单用途卡售卡方因发行或者销售单用途卡并办理相关资金收付结算业务取得的手续费、结算费、服务费、管理费等收入，应按照现行规定缴纳增值税。

2. 属于征税范围的特殊行为——视同销售货物或视同发生应税行为

(1)将货物交付其他单位或者个人代销。

(2)销售代销货物。

(3)设有两个以上机构并实行统一核算的纳税人，将货物从一个机构移送至其他机构用于销售，但相关机构设在同一县(市)的除外。

"用于销售"是指受货机构发生以下情形之一的经营行为：①向购货方开具发票；②向购货方收取货款。受货机构的货物移送行为有上述两项情形之一的，应当向所在地税务机关缴纳增值税；未发生上述两项情形的，则应由总机构统一缴纳增值税。

(4)将自产或者委托加工的货物用于非应税项目。

(5)将自产、委托加工的货物用于集体福利或者个人消费。

(6)将自产、委托加工或者购进的货物作为投资，提供给其他单位或者个体工商户。

(7)将自产、委托加工或者购进的货物分配给股东或者投资者。

(8)将自产、委托加工或者购进的货物无偿赠送其他单位或者个人。

(9)单位和个体工商户向其他单位或者个人无偿销售应税服务、无偿转让无形资产或者不动产，但以公益活动为目的或者以社会公众为对象的除外。

(10)财政部、国家税务总局规定的其他情形。

四、增值税应纳税额的计算

我国目前对一般纳税人采用的一般计税方法是间接计算法，即先按当期销售额和适用税率计算出销项税额，然后将当期准予抵扣的进项税额进行抵扣，从而间接计算出当期增值额部分的应纳税额。其计算公式如下：

$$当期应纳税额＝当期销项税额－当期进项税额$$
$$＝当期销售额×适用税率－当期进项税额$$

(1)上述公式中"当期进项税额"指准予从销项税额中抵扣的进项税额，限于下列增值税扣税凭证上注明的增值税税额和按规定的扣除率计算的进项税额。

①从销售方或提供方取得的增值税专用发票(含税控机动车销售统一发票，下同)上注明的增值税税额；

②从海关取得的海关进口增值税专用缴款书上注明的增值税税额；

③从境外单位或者个人购进服务、无形资产或者不动产，为税务机关或者扣缴义务人取得的解缴税款的完税凭证上注明的增值税额。

④购进农产品，除取得增值税专用发票或者海关进口增值税专用缴款书外，按照农产品收购发票或者销售发票上注明的农产品买价和11%的扣除率计算的进项税额。其计算公式如下：

$$进项税额＝买价×扣除率$$

收购农产品的买价，包括纳税人购进农产品在农产品收购发票或者销售发票上注明的价款和按规定缴纳的烟叶税。

(2)上述公式中的"当期销售额"可分为四类，具体情况如表2-1所示。

表2-1　当期销售额的确定

销售额的类别	销售额的确定方法
一般销售方式下的销售额	包括向购买方收取的全部价款和价外费用，价外费用一般为含税收入，在征税时换算成不含税收入，再并入销售额 销售额不包括向购买方收取的增值税销项税额，如果纳税人取得的是价税合计金额，还需换算成不含增值税的销售额，销售额的计算公式如下： $$销售额＝含增值税销售额÷(1＋税率)$$ 需要进行含税销售额换算的情形： (1)混合销售的销售额：为货物销售额和非应税劳务营业额合计，其中非应税劳务的营业额应视为含税销售收入 (2)价款和价税合并收取的销售额：包括价税合计金额，商业企业零售价，增值税普通发票上注明的销售额，价外费用(视为含税收入)，逾期包装物押金
特殊销售方式下的销售额	采取折扣方式销售、采取以旧换新方式销售、采取还本方式销售、采取以物易物方式销售、包装物押金是否计入销售额等
按差额确定销售额	金融商品转让销售额、经纪代理服务的销售额、融资租赁和融资性售后回租业务的销售额、"营改增"应税服务差额计税等
视同销售的销售额	按照规定的顺序来确定销售额： (1)按照纳税人最近时期销售同类货物或者应税行为的平均价格确定 (2)按照其他纳税人最近时期销售同类货物或者应税行为的平均价格确定 (3)按照组成计税价格确定。组成计税价格的计算公式如下： $$组成计税价格＝成本×(1＋成本利润率)$$ 或：　$$组成计税价格＝成本×(1＋成本利润率)＋消费税税额$$

(3)根据确定增值税税率的基本原则，我国增值税设置了一档基本税率和两档低税率，此外还对出口货物和财政部、国家税务总局规定的跨境应税行为实行零税率(国务院另有规定的除外)。小规模纳税人不适用税率而适用征收率。增值税税率如表 2-2 所示。

表 2-2　增值税税率

增值税税率	具体规定
基本税率 17%	纳税人销售或者进口货物(除适用低税率和零税率的除外)；纳税人提供加工、修理修配劳务；有形动产租赁服务
低税率 11%	原适用低税率 13% 的货物；交通运输服务；邮政服务；基础电信服务；建筑服务；不动产租赁服务；销售不动产；转让土地使用权
低税率 6%	现代服务(租赁服务除外)；增值电信服务；金融服务；生活服务；销售无形资产(转让土地使用权除外)
零税率	除国务院另有规定除外，纳税人出口货物，税率为零；财政部和国家税务总局规定的跨境应税行为，税率为零；境内单位和个人以无运输工具承运方式提供的国际运输服务，由境内实际承运人适用增值税零税率；无运输工具承运业务的经营者适用增值税免税政策

五、增值税的税收优惠

1.《增值税暂行条例》规定的免税项目

(1)农业生产者销售的自产农产品。农业，是指种植业、养殖业、林业、牧业、水产业。农产品，是指农业初级产品。其具体范围由财政部、国家税务总局确定。

(2)避孕药品和用具。

(3)古旧图书。古旧图书是指向社会收购的古书和旧书。

(4)直接用于科学研究、科学试验和教学的进口仪器、设备。

(5)外国政府、国际组织无偿援助的进口物资和设备。

(6)由残疾人的组织直接进口供残疾人专用的物品。

(7)销售自己使用过的物品。

2."营改增"规定的税收优惠政策

(1)免征增值税的项目

①托儿所、幼儿园提供的保育和教育服务。

②养老机构提供的养老服务。

③残疾人福利机构提供的育养服务。

④婚姻介绍服务。

⑤殡葬服务。

⑥残疾人员本人为社会提供的服务。

⑦医疗机构提供的医疗服务。

⑧从事学历教育的学校提供的教育服务。

⑨学生勤工俭学提供的服务。

⑩纪念馆、博物馆、文化馆、文物保护单位管理机构、美术馆、展览馆、书画院、图书馆在自己的场所提供文化体育服务取得的第一道门票收入。

（2）增值税即征即退

①增值税一般纳税人销售其自行开发生产的软件产品，按17％税率征收增值税后，对其增值税实际税负超过3％的部分实行即征即退政策。

增值税一般纳税人将进口软件产品进行本地化改造后对外销售，其销售的软件产品可享受上述规定的增值税即征即退政策。本地化改造是指对进口软件产品进行重新设计、改进、转换等，单纯对进口软件产品进行汉字化处理不包括在内。

②一般纳税人提供管道运输服务，对其增值税实际税负超过3％的部分实行增值税即征即退政策。

③经人民银行、银监会或者商务部批准从事融资租赁业务的试点纳税人中的一般纳税人，提供有形动产融资租赁服务和有形动产融资性售后回租服务，对其增值税实际税负超过3％的部分实行增值税即征即退政策。

六、增值税的纳税期限

（1）增值税的纳税期限分别为1日、3日、5日、10日、15日、1个月或者1个季度。纳税人的具体纳税期限，由主管税务机关根据纳税人应纳税额的大小分别核定。不能按照固定期限纳税的，可以按次纳税。

（2）纳税人以1个月或者1个季度为1个纳税期的，自期满之日起15日内申报纳税；以1日、3日、5日、10日或者15日为1个纳税期的，自期满之日起5日内预缴税款，于次月1日起15日内申报纳税并结清上月应纳税款。

扣缴义务人解缴税款的期限，依照前两款规定执行。

需要注意的是，纳税人进口货物，应当自海关填发海关进口增值税专用缴款书之日起 15 日内缴纳税款。

七、增值税的纳税地点

(1)固定业户应当向其机构所在地的主管税务机关申报纳税。总机构和分支机构不在同一县(市)的，应当分别向各自所在地的主管税务机关申报纳税；经财政部和国家税务总局或其授权的财政和税务机关批准，可以由总机构汇总向总机构所在地主管税务机关申报纳税。

(2)非固定业户销售货物或者提供应税劳务和发生应税行为，应当向销售地或者劳务、应税行为发生地的主管税务机关申报纳税；未向销售地或者劳务、应税行为发生地的主管税务机关申报纳税的，由其机构所在地或者居住地的主管税务机关补征税款。

(3)进口货物，应当向报关地海关申报纳税。

(4)扣缴义务人应当向其机构所在地或者居住地的主管税务机关申报缴纳其扣缴的税款。

八、增值税发票的使用及管理

增值税一般纳税人销售货物、提供加工修理修配劳务和发生应税行为，应使用增值税发票管理新系统(以下简称新系统)开具增值税专用发票、增值税普通发票、机动车销售统一发票或者增值税电子普通发票。

(一)增值税专用发票

1. 增值税专用发票的联次

增值税专用发票由基本联次或者基本联次附加其他联次构成，基本联次为三联：发票联、抵扣联和记账联。发票联，作为购买方核算采购成本和增值税进项税额的记账凭证；抵扣联，作为购买方报送主管税务机关认证和留存备查的凭证；记账联，作为销售方核算销售收入和增值税销项税额的记账凭证。其他联次用途，由一般纳税人自行确定。

2. 增值税专用发票开具范围

(1)一般纳税人发生应税销售行为，应向购买方开具增值税专用发票。

(2)商业企业一般纳税人零售的烟、酒、食品、服装、鞋帽(不包括劳保专用部分)、化妆品等消费品不得开具增值税专用发票。

15

(3)增值税小规模纳税人需要开具增值税专用发票的,可向主管税务机关申请代开。

(4)销售免税货物不得开具增值税专用发票,法律、法规及国家税务总局另有规定的除外。

(5)纳税人发生应税销售行为,应当向索取增值税专用发票的购买方开具增值税专用发票,并在增值税专用发票上分别注明销售额和销项税额。属于下列情形之一的,不得开具增值税专用发票:

①应税销售行为的购买方为消费者个人的;

②发生应税销售行为适用免税规定的。

(6)自2017年6月1日起,将建筑业纳入增值税小规模纳税人自行开具增值税专用发票试点范围。月销售额超过3万元(或季销售额超过9万元)的建筑业增值税小规模纳税人提供建筑服务、销售货物或发生其他增值税应税行为,需要开具增值税专用发票的,通过增值税发票管理新系统自行开具。

(7)自2017年3月1日起,全国范围内月销售额超过3万元(或季销售额超过9万元)的鉴证咨询业增值税小规模纳税人提供认证服务、鉴证服务、咨询服务、销售货物或发生其他增值税应税行为,需要开具增值税专用发票的,可以通过增值税发票管理新系统自行开具,主管国税机关不再为其代开。

(二)增值税普通发票

增值税普通发票,是将除商业零售以外的增值税一般纳税人纳入增值税防伪税控系统开具和管理,也就是说一般纳税人可以使用同一套增值税防伪税控系统开具增值税专用发票、增值税普通发票等,俗称"一机多票"。

1. 增值税普通发票的格式、字体、栏次、内容

增值税普通发票的格式、字体、栏次、内容与增值税专用发票完全一致,按发票联次分为两联票和五联票两种,基本联次为两联,第一联为记账联,销货方用作记账凭证;第二联为发票联,购货方用作记账凭证。此外为满足部分纳税人的需要,在基本联次后添加了三联的附加联次,即五联票,供企业选择使用。

2. 增值税普通发票代码的编码原则

增值税普通发票代码的编码原则与增值税专用发票基本一致,发票左上角10位代码的含义:第1~4位代表各省;第5~6位代表制版年度;第7位代表印制批次;第8位代表发票种类,普通发票用"6"表示;第9位代表几联版,普通发票二联版用"2"表示,普通发票五联版用"5"表示;第10位代表金额版本号"0"表示电脑版。

3. 增值税普通发票第二联(发票联)采用防伪纸张印刷

代码采用专用防伪油墨印刷，号码的字形为专用异形体。各联次的颜色依次为蓝、橙、绿蓝、黄绿和紫红色。

此外，需要注意的是，凡纳入"一机多票"系统(包括试运行)的一般纳税人，自纳入之日起，一律使用全国统一的增值税普通发票，并通过防伪税控系统开具。对于一般纳税人已领购但尚未使用的旧版普通发票，由主管税务机关限期缴销或退回税务机关；经税务机关批准使用印有本单位名称发票的一般纳税人，允许其暂缓纳入"一机多票"系统，以避免库存发票的浪费。

(三)增值税电子普通发票

国家税务总局推行通过增值税电子发票系统开具的增值税电子普通发票，对降低纳税人经营成本，节约社会资源，方便消费者保存使用发票，营造健康公平的税收环境有着重要作用。其主要内容如下：

(1)增值税电子普通发票的开票方和受票方需要纸质发票的，可以自行打印增值税电子普通发票的版式文件，其法律效力、基本用途、基本使用规定等与税务机关监制的增值税普通发票相同。

(2)增值税电子普通发票的发票代码为12位，编码规则：第1位为0，第2~5位代表省、自治区、直辖市和计划单列市，第6~7位代表年度，第8~10位代表批次，第11~12位代表票种(11位代表增值税电子普通发票)。发票号码为8位，按年度、分批次编制。

(四)机动车销售统一发票

1. 机动车销售统一发票联次

《机动车销售统一发票》为电脑六联式发票。即第一联发票联(购货单位付款凭证)，第二联抵扣联(购货单位扣税凭证)，第三联报税联(车购税征收单位留存)，第四联注册登记联(车辆登记单位留存)，第五联记账联(销货单位记账凭证)，第六联存根联(销货单位留存)。第一联印色为棕色，第二联印色为绿色，第三联印色为紫色，第四联印色为蓝色，第五联印色为红色，第六联印色为黑色。发票代码、发票号码印色为黑色，当购货单位不是增值税一般纳税人时，第二联抵扣联由销货单位留存。

2. 机动车销售统一发票适用范围

根据《国家税务总局关于使用新版机动车销售统一发票有关问题的通知》规定："凡从事机动车零售业务的单位和个人，从2006年8月1日起，在销售机动车(不包括销售旧机动车)收取款项时,必须开具税务机关统一印制的新版《机动车销售统一发票》,并在发票联加盖财务专用章或发票专用章,抵扣联和报税联不得加盖印章。"

《国家税务总局关于〈机动车销售统一发票〉注册登记联加盖开票单位印章问题的通知》规定:"从 2006 年 10 月 1 日起,《机动车销售统一发票》注册登记联一律加盖开票单位印章。"

第二节 增值税一般纳税人纳税申报流程

增值税一般纳税人申报程序复杂,共有八个步骤,主要程序有四步,增值税一般纳税人纳税申报流程如图 2-1 所示。

图 2-1 增值税一般纳税人纳税申报流程图

一、登录实训系统

登录税务实训平台,进入【增值税一般纳税人网上申报实训系统】后,修改税款所属期,如图 2-2 所示。

图 2-2 【修改税款所属期】界面

二、发票采集

单击【发票采集】，根据业务要求填制进项税发票、销项税发票、进项税额转出发票，具体操作界面如图2-3所示。

图2-3　【增值税专用发票采集】界面

三、申报表填写

单击【申报表填写与编辑】，阅读提示信息后单击【确定】，逐一填写增值税申报表附列资料等资料，具体操作界面如图2-4所示。

四、申报表发送

申报表填写完成后，处于尚未申报状态，此时，选中要申报的申报月份，单击【申报表发送】，确认申报税额，弹出窗口后，依次单击【确定】，系统提示申报成功，具体操作界面如图2-5所示。

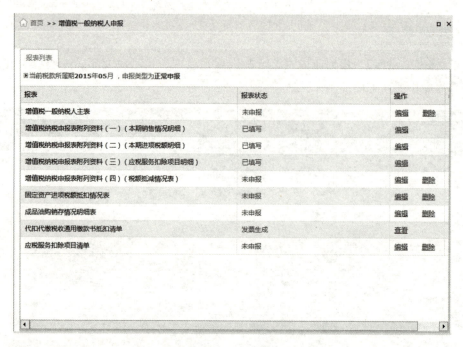

图 2-4 【增值税申报表填写】界面

图 2-5 【申报表发送】界面

五、申报结果查询

申报表发送后，可单击【申报结果查询】确认申报表是否成功发送。具体操作界面如图 2-6 所示。

图 2-6　【申报结果查询】界面

六、网上缴税

申报表成功发送后，单击【网上缴税】，弹出"缴税信息"窗口，单击【缴税】，最后弹出"提示信息"，确认相关信息后即可成功缴税。具体操作界面如图 2-7 所示。

图 2-7 【网上缴税】界面

第三节 增值税一般纳税人纳税申报实训案例

一、实训案例资料

(一)企业基本资料

企业名称：贝尔斯照明灯具制造有限公司

法人代表：张云胜

企业地址：深圳市宝安区西乡街 328 号　0755-25941111

纳税人识别号：440300169018889

经营范围：主营各类家和节能灯产品、商家灯具产品、景观灯笼产品的加工生产，兼营灯具各类配件，提供运输服务

注册资金：陆佰万元(600 万元)

注册时间：2016 年 2 月 1 日

行业性质：加工制造业

开户银行：徽商银行松岗支行 1506080988830290

开户行账户：1506080988830290

税务登记：核定为一般纳税人

(二)本月主要业务

1. 2017 年 2 月 4 日，从山东峄城灯笼材料有限公司购入材料一批，材料总价款 63 520.00 元，增值税税率 17%，增值税税额 10 798.40 元。所购原材料已验收入库，款项通过银行存款划转。

2. 2017 年 2 月 5 日，销售投光灯 200 个给芜湖巨龙灯具商场，单价 300.00 元，总价款 60 000.00 元，增值税销项税额 10 200.00 元。发生运费 1 100.00 元(运费金额 990.99 元，税额 109.01 元)，由贝尔斯照明灯具制造有限公司承担，以转账支票支付。货已发出，税票已开，并向银行办理了托收承付手续。

3. 2017 年 2 月 5 日，从四川好明亮灯具配件有限公司购入玻璃 50 000 千克，单价 2.80 元；涂料 1 500 升，单价 21.00 元；塑料 45 000 千克，单价 3.20 元；税率 17%，总货款为 315 500.00 元，增值税税款为 53 635.00 元。以上原材料已验收入库。

4. 2017 年 2 月 5 日，出售给个体户许珊珊报废的生产边角钢材余料 150.00 元，现金收取，并取得收据。

5. 2017 年 2 月 6 日，销售给芜湖康源美家居商场水晶灯 100 个，单价 1 500.00 元；景观灯 100 个，单价 200.00 元；税率 17%，货物总价款为 170 000.00 元，增值税税额为 28 900.00 元。双方当初签订合同规定：付款条件为 2/10、1/20、N/30；货已发出且开出增值税发票，货款尚未收到。

6. 2017 年 2 月 7 日，销售给安徽铁路(集团)公司隧道灯 150 个，单价 580.00 元，税率 17%，货物总价款为 87 000.00 元，增值税税额为 14 790.00 元，货已发出且开具增值税发票，销售当日收到广州铁路(集团)公司开出并承兑的面值 101 790.00 元的银行承兑汇票，汇票期限 6 个月，票面利率 6%。

7. 2017 年 2 月 9 日，从马鞍山玉龙金属材料有限公司购入铜材料 28 吨，单价 1 650.00 元/吨；钢材料 10 吨，1 850.00 元/吨；税率 17%，所列材料总价款 64 700.00 元，增值税税额为 10 999.00 元，验收入库。货款通过银行转账支付。

8. 2017 年 2 月 9 日，总经理张云胜报销支付的广告费 10 000.00 元(广告费金额 9 433.97 元，增值税税额 566.03 元，税率 6%)，从总经理借款中抵销。

9. 2017 年 2 月 11 日，对外提供运输劳务收入 18 018.02 元，增值税率 11%，增值税税额为 1 981.98 元，收到银行存款 20 000.00 元。

10. 2017 年 2 月 13 日，向珠海市金太阳灯饰有限公司销售吸顶灯 65 只，每只售价 346.00 元；投光灯 85 只，每只售价 185.00 元；以上共计价款 38 215.00 元，增值税销项税额 6 496.55 元，税率 17%。

11. 2017 年 2 月 13 日，开给海南振鑫灯具批发商场增值税发票，货已发出，货款已于 2016 年 2 月 2 日支付。其中投光灯 150 只，单价 495 元；庭院灯 160 只，单价 308.00 元；吸顶灯 165 只，单价 350.00 元；路灯 115 只，单价 95.00 元；所列货物总价款 192 205.00 元，增值税税额 32 674.85 元，税率 17%。

12. 2017 年 2 月 14 日，向四川好明亮灯具配件有限公司购入铝材料 20 吨，每吨 6 000 元，增值税发票列明价款 120 000.00 元和税款 20 400.00 元，税率 17%，货已验收入库，此款项通过背书转让 13 日上海人民会堂交来的汇票结算，剩余款项未支付。

13. 2017 年 2 月 16 日，采购员出差归来，向公司交来增值税发票一张，发票上列明从南京易亮照明灯具科技有限公司购入塑料包装物 6 500 只，单价 6 元，总价款 39 000.00 元，增值税 6 630.00 元，税率 17%，于本月 13 日申请签发的银行汇票 48 000.00 元结算，实际结算金额为 45 630.00 元，货已验收入库。

14. 2017 年 2 月 17 日，生产部马俞斌报销 16 日发生的设备维修费 1 085.00 元，出纳以现金付讫。

15. 2017 年 2 月 19 日，采购员王海燕出差归来，向公司交来增值税发票一张，发票上列明从浙江金苹果布艺有限公司购入布料 448 米，单价 28.57 元，价款 12 800.00 元；购入装饰物 300 个，单价 25.50 元，价款 7 650.00 元；床头灯底座 300 个，单价 32.00 元，价款 9 600.00 元；以上价款共计 30 050.00 元，增值税 5 108.50 元，税率 17%，实际结算金额是 35 158.50 元，货已验收入库。

16. 2017 年 2 月 19 日，修车间报销维修配件款，其中生产车间维修的设备配件 1 500 元，管理部门汽车配件 7 800.00 元，总计维修费金额 9 029.13 元，增值税税额 270.87 元，税率 3%。

17. 2017 年 2 月 19 日，收到水、电费用发票，用电 3 500 度，单价 0.58 元，电费金额 2 030.00 元，增值税税额 345.10 元，税率 17%；用水 5 000 吨，单价 1.50 元，水费金额 7 500.00 元，增值税税额 975.00 元，税率 13%，分别以银行存款支付。

18. 2017 年 2 月 20 日，销售给芜湖康源美家居商场投光灯 50 只，每只 268.00 元，水晶灯 70 只，每只 960.00 元，计价为 80 600.00 元，增值税税款 13 702.00 元，税率 17%，已开出增值税专用发票，货已发出，货款尚未收到。

19. 2017 年 2 月 25 日，以自产景观灯 2 000 只对深圳鸿泰商场投资，单位成本 700.00 元，总成本 1 400 000.00 元。经确认投资金额按公允价值 1 755 000.00 元（含税金额）进行计价，增值税税率 17%，见表 2-3。

表 2-3　产品出库单

No.0949862

2017 年 2 月 25 日

发货单位：贝尔斯照明灯具制造有限公司

请领单位：深圳鸿泰商场

发货仓库：产成品库

类别	品名及规格	单位	数量	单位成本	总成本	用途	备注
产成品	景观灯	只	2 000	700.00	1 400 000.00		
合计金额：壹佰肆拾万圆整					1 400 000.00		

二、实训案例分析

本案例为增值税一般纳税人纳税申报案例，业务发生时间为 2017 年 2 月，无上期留抵税额，无进项税额转出业务。

业务 1～3、7、8、12～15、17 需进行"进项发票采集"，业务 16 开具的是增值税普通发票，不符合进项税额抵扣的有关规定，因此不能抵扣进项税额，此笔业务不能录入发票信息。

业务 2、5、6、9、10、11、18 需进行"销项发票采集"，业务 4、19 取得了相应收入但是无法取得增值税发票，属于无票视同销售的情形，应在"无票视同销售"界面录入。

按照上述分析采集完发票后，可得到如下结果：销项税额为 363 767.17 元，进项税额为 109 723.69 元。检查无误后可进行申报表的填写，本案例中需人工填写"本期抵扣进项税额结构明细表""营改增税负分析测算明细表"，其余报表需空白保存，主表及附列资料（一）～（三）对应检查无误后可直接保存。申报表填写完成后依次进行申报表发送、网上缴税和评分环节，即完成此实训案例的要求。

三、实训操作过程

（一）登录实训系统

登录税务实训平台，进入【增值税一般纳税人网上申报实训系统】后，修改税款所属日期为 2017 年 2 月，具体操作界面及提示如图 2-8 至图 2-10 所示。

图 2-8 【增值税申报登录】界面

图 2-9 【修改税款所属期】界面

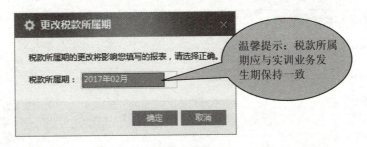

图 2-10 【选择申报税款所属期】界面

(二)发票采集

1. 进项税采集

首先录入进项税的发票信息,单击【发票采集】,进入【进项采集】界面,如图 2-11 所示。单击【增值税专用发票】,依次选择【采集】【录入】,依次录入业务 1~3、7、8、12~15、17 的发票信息,具体操作界面如图 2-12、图 2-13 所示。依次单击【确定】,可将录入的单位名称、货物名称等保存到系统中,方便下次快速录入,如图 2-14 至图 2-20 所示。录入完成后,可以关闭进项税采集界面。进项税发票采集完成后,进项税额合计应为 109 723.69 元,具体操作界面如图 2-21 所示。

图 2-11 【发票采集——进项采集】界面

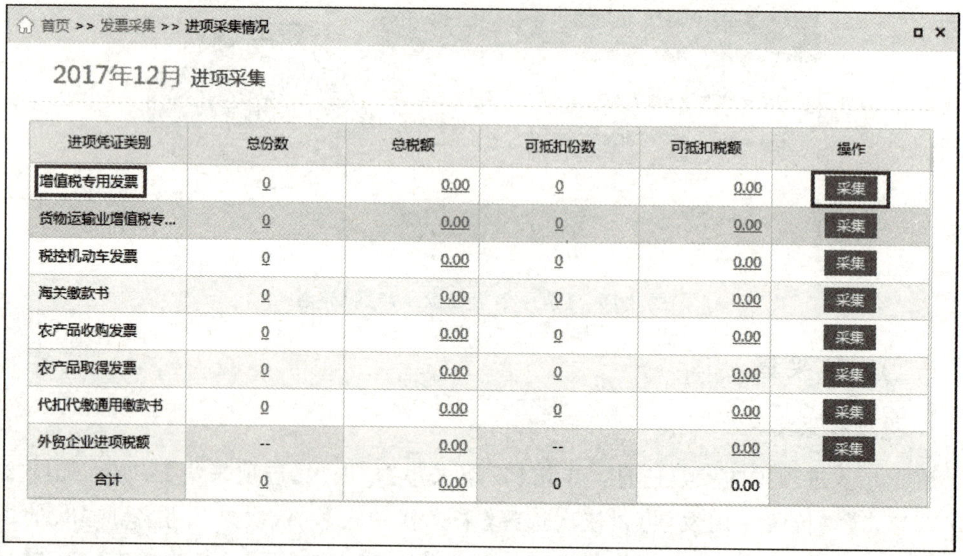

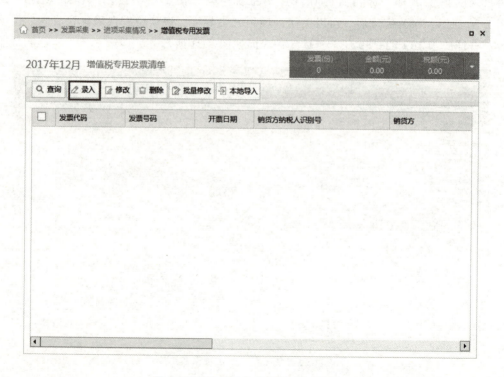

图 2-12 【增值税专用发票采集】界面

图 2-13 【增值税专用发票录入】界面

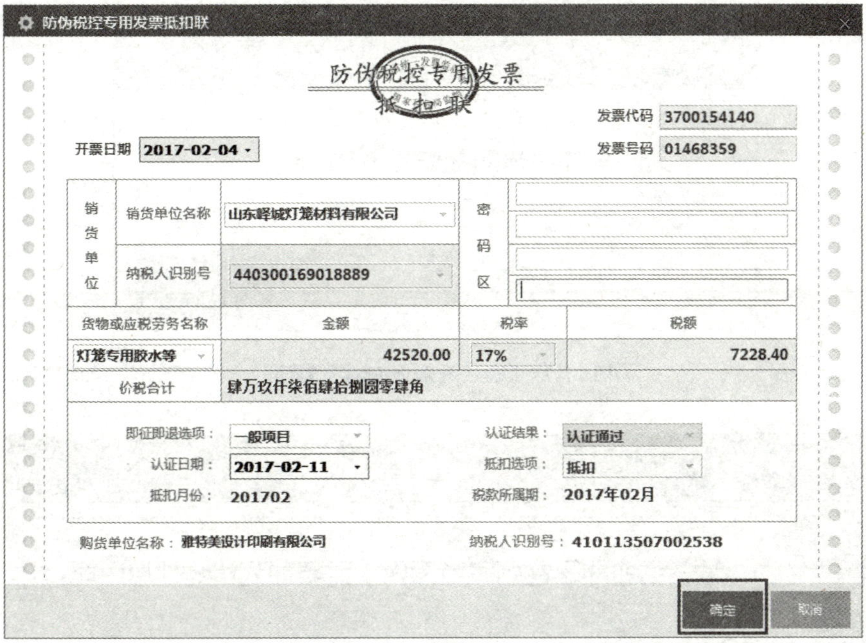

图 2-14 【录入增值税专用发票信息】界面

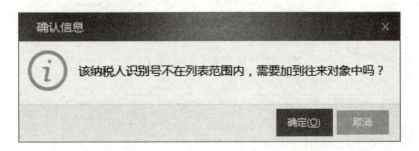

图 2-15 【增加成功】界面

确认信息

该纳税人识别号不在列表范围内，需要加到往来对象中吗？

确定(O)   取消

图 2-16 【需要增加往来对象】界面

图 2-17　【确定增加往来对象】界面

图 2-18　【需要增加货物信息】界面

图 2-19　【确定增加货物信息】界面

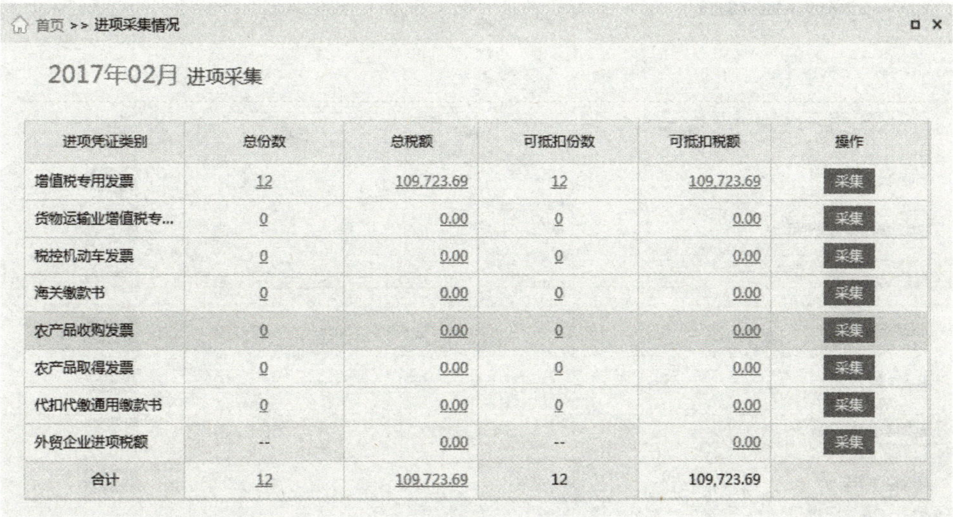

进项凭证类别	总份数	总税额	可抵扣份数	可抵扣税额	操作
增值税专用发票	12	109,723.69	12	109,723.69	采集
货物运输业增值税专...	0	0.00	0	0.00	采集
税控机动车发票	0	0.00	0	0.00	采集
海关缴款书	0	0.00	0	0.00	采集
农产品收购发票	0	0.00	0	0.00	采集
农产品取得发票	0	0.00	0	0.00	采集
代扣代缴通用缴款书	0	0.00	0	0.00	采集
外贸企业进项税额	--	0.00	--	0.00	采集
合计	12	109,723.69	12	109,723.69	

图 2-20　【进项税显示录入结果】界面

【知识链接】

增值税进项采集中包含增值税专用发票、货物运输业增值税专用发票、税控机动车发票、海关缴款书、农产品收购发票、农产品取得发票、代扣代缴通用缴款书及外贸企业进项税额。纳税人取得的除允许抵扣的合法有效凭证可以采集之外，其余一律不得在进项税额中采集，如普通发票、收据等。

2. 销项税采集

单击【发票采集】，进入【销项采集】界面，单击【增值税专用发票】，依次选择【采集】【录入】，分别录入业务 2、5、6、9、10、11、18 中的发票信息，然后关闭销项税采集界面，单击【无票视同销售】，录入业务 4、19 中的发票信息。销项税发票采集完成后，销项税额合计应为 363 767.17 元，具体操作界面如图 2-21 所示。

【知识链接】

增值税销项税发票类别包括增值税专用发票、货物运输业增值税专用发票、税控机动车发票、增值税普通发票、普通发票、无票视同销售及纳税检查调整。

首页 >> 发票采集 >> 销项采集情况

2017年02月

销项类别	正常发票（份）	金额	税额	操作
增值税专用发票	7	646,038.02	108,745.38	采集
货物运输业增值税专用...	0	0.00	0.00	采集
税控机动车发票	0	0.00	0.00	采集
增值税普通发票	0	0.00	0.00	采集
普通发票	0	0.00	0.00	采集
无票视同销售	--	1,500,128.20	255,021.79	采集
纳税检查调整	--	0.00	0.00	采集
合计	7	2,146,166.22	363,767.17	

图 2-21 【销项税显示录入结果】界面

3. 进项税额转出

单击【发票采集】，进入【进项税额转出】界面，本案例没有进项税额转出业务，可不进行录入。当没有进项税额转出的业务时，此步骤可省略。

【知识链接】

进项税额转出主要用于记录当纳税人购进的货物或接受的应税劳务不是用于增值税应税项目，而是用于非应税项目、免税项目或用于集体福利、个人消费等情况。

（三）申报表填写

单击【申报表填写与编辑】，阅读提示信息后单击【确定】，具体操作界面如图 2-22、图 2-23 所示。逐一填写增值税申报表附列资料等资料，具体操作界面如图 2-24 所示。

图 2-22　【申报表填写与编辑】界面

图 2-23　【提示信息】界面

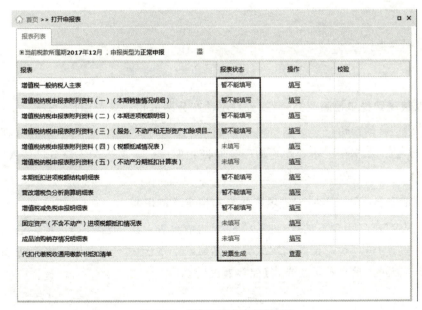

图 2-24　【填写附表资料】界面

【填写说明】

申报表填写有顺序要求，首先应填写报表状态显示为"未填写"的相关报表，当把这些报表填写完毕后，原本报表状态为"暂不能填写"的报表会自动变更为"未填写"状态，此时再进行填写即可。

1. 增值税纳税申报表附列资料(四)(税额抵减情况表)的填写

单击增值税纳税申报表附列资料（四）对应的【编辑】选项，进入税额抵减情况表录入界面，本案例中没有发生可享受税额抵减的业务，不需录入信息，依次单击【保存】【关闭】，具体操作界面如图 2-25 所示。

图 2-25 【填写附列资料(四)】界面

2. 增值税纳税申报表附列资料(五)(不动产分期抵扣计算表)的填写

单击增值税纳税申报表附列资料（五）对应的【编辑】选项，进入不动产分期抵扣计算表录入界面，本案例中不存在不动产分期抵扣的情形，不需录入信息，依次单击【保存】【关闭】。

3. 固定资产(不含不动产)进项税额抵扣情况表的填写

单击固定资产(不含不动产)进项税额抵扣情况表对应的【编辑】选项，进入固定资产(不含不动产)进项税额抵扣情况表录入界面，本案例中不存在固定资产进项税额抵扣情况，不需录入信息，依次单击【保存】【关闭】。

4. 成品油购销存情况明细表的填写

单击成品油购销存情况明细表对应的【编辑】选项，进入成品油购销存情况明细表录入界面，本案例中不存在成品油购销存情况，不需录入信息，依次单击【保存】【关闭】。

5. 增值税纳税申报表附列资料(一)(本期销售情况明细)的填写

单击增值税纳税申报表附列资料(一)对应的【编辑】选项，进入本期销售情况明细表录入界面，将表中"开具税控增值税专用发票"的销售额、销项(应纳)税额、"未开具发票"的销售额、销项(应纳)税额及合计栏的金额与销项税发票采集的结果进行核对，核对无误后，依次单击【保存】【关闭】。

6. 增值税纳税申报表附列资料(二)(本期进项税额明细)的填写

单击增值税纳税申报表附列资料(二)对应的【编辑】选项，进入本期进项税额明细表录入界面，将表中"本期认证相符且本期申报抵扣"的金额、税额及"海关进口专用缴款书"的金额、税额与进项税发票采集的结果进行核对，核对无误后，依次单击【保存】【关闭】。

7. 增值税纳税申报表附列资料(三)(服务、不动产和无形资产扣除项目明细)的填写

单击增值税纳税申报表附列资料(三)对应的【编辑】选项，进入本期进项税额明细表录入界面，将表中"本期认证相符且本期申报抵扣"的金额、税额及"海关进口专用缴款书"的金额、税额与进项税发票采集的结果进行核对，核对无误后，依次单击【保存】【关闭】。

8. 本期抵扣进项税额结构明细表的填写

单击本期抵扣进项税额结构明细表对应的【编辑】选项，进入本期抵扣进项税额结构明细表录入界面，根据进项税发票采集结果依次录入下列数据，"17％税率的进项"对应的金额填写 635 727.35 元，"13％税率的进项"对应的金额填写 7 500.00 元，"11％税率的进项"对应的金额填写 990.99 元，"6％税率的进项"对应的金额填写 9 433.97 元。金额栏录入完成后，税额栏会自动计算出相应的税额。其中，由于四舍五入的原因，"11％税率的进项"对应的税额须更改为 109.01 元，依次单击【保存】【关闭】。

9. 增值税一般纳税人主表的填写

单击增值税一般纳税人主表对应的【编辑】选项，进入增值税一般纳税人主表录入界面，依次核对"应税货物销售额""销项税额""进项税额"的本月数及本年累计金额，核对无误后，依次单击【保存】【关闭】。

注意：若案例中存在上期留抵税额，需填入第 13 栏"上期留抵税额"的本月数。本案例中无上期留抵税额可不填写。

10. 营改增税负分析测算明细表的填写

单击营改增税负分析测算明细表对应的【编辑】选项，进入营改增税负分析测算明细表录入界面。本案例中业务 9 涉及对外提供运输劳务收入 18 018.02 元，此项收入属于营改增征税范围，营改增后运输劳务收入适用 11% 的税率。在"应税项目代码及名称"栏，单击【选择】，由于系统中尚未更新项目，可选择相同税率的项目代替，选择"邮政服务"，单击【确定】。在对应的第一列"不含税销售额"填写 18 018.02 元，"销项（应纳）税额"及"价税合计"会自动算出。检查无误后，依次单击【保存】【关闭】。

11. 增值税减免税申报明细表的填写

单击增值税减免税申报明细表对应的【编辑】选项，进入增值税减免税申报明细表录入界面，本案例中不存在增值税减免税情况，不需录入信息，依次单击【保存】【关闭】。

12. 代扣代缴税收通用缴款书抵扣清单的填写

代扣代缴税收通用缴款书抵扣清单由发票自动生成，无须录入信息。

注意：申报资料之间存在勾稽关系，如果同一个数据在不同的申报表中填写不一致，在保存报表时系统会自动提示"错误信息"，此时应更改报表错误后才可继续进行操作。

【知识链接】

《财政部、国家税务总局关于增值税税控系统专用设备和技术维护费用抵减增值税税额有关政策的通知》（财税〔2012〕15 号）第一条规定，增值税纳税人 2011 年 12 月 1 日（含，下同）以后初次购买增值税税控系统专用设备（包括分开票机）支付的费用，可凭购买增值税税控系统专用设备取得的增值税专用发票，在增值税应纳税额中全额抵减（抵减额为价税合计额），不足抵减的可结转下期继续抵减。增值税纳税人非初次购买增值税税控系统专用设备支付的费用，由其自行负担，不得在增值税应纳税额中抵减。

（四）申报表发送

单击【申报表发送】，选中"增值税一般纳税申报"，单击【申报表发送】，弹出窗口后，依次单击【确定】，具体操作界面如图 2-26 至图 2-28 所示。

图 2-26 【申报表发送】界面

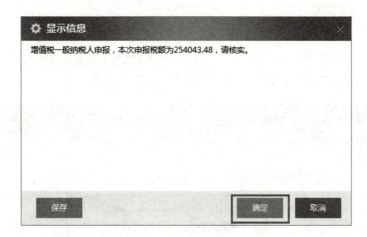

图 2-27 【确定申报税额】界面

图 2-28 【申报成功】界面

（五）申报结果查询

申报表发送后，单击【申报结果查询】，检查增值税纳税申报是否成功发送，具体操作界面如图 2-29 所示。

图 2-29 【申报查询】界面

（六）网上缴税

单击【网上缴税】，弹出"缴税信息"窗口，单击【缴税】，最后弹出"提示信息"窗口，确认无误后单击【确定】，具体操作界面如图 2-30、图 2-31 所示。

图 2-30 【网上缴税】界面

图 2-31 【提示信息】界面

(七)评分统计

单击【评分】,选中评分案例,显示评分结果后依次单击【确定】。选中的案例名称一定要与所做案例名称一致,否则为 0 分,具体操作界面如图 2-32 至图 2-34 所示。

图 2-32 【评分统计】界面

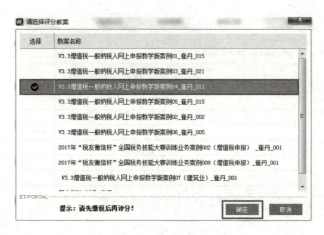

图 2-33 【选中评分案例】界面

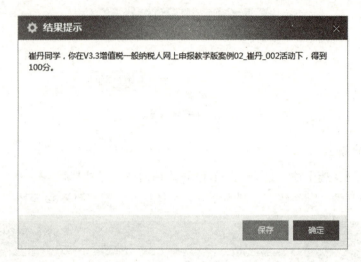

图 2-34 【评分结果显示】界面

(八)成绩查询及封面打印

单击【成绩查询】，选中所要查询的实训案例，查看成绩并打印封面，系统评分后如对实训成绩有疑问可通过"成绩查询"功能进行查找错误知识点，进行有针对性的学习，具体操作界面如图 2-35 至图 2-37 所示。

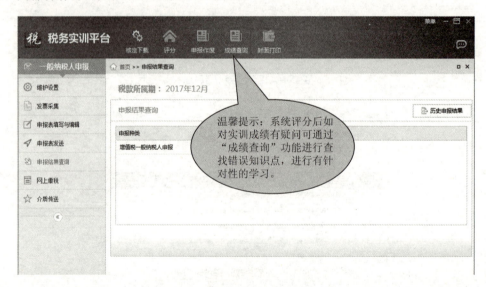

图 2-35 【成绩查询】界面

图 2-36　【选中查询的案例】界面

图 2-37　【打印封面】界面

(九)申报作废

若实训成绩未得满分，可以作废错误数据报表，重新填写正确数据报表进行申报。单击【申报作废】，选择要作废的申报表，单击【作废】，具体操作界面如图 2-38 所示。

图 2-38 【申报作废】界面

(十)错误修改

案例申报作废后，即可进行错误的修改。单击【删除】，依次删除错误的申报表，单击【编辑】，再重新填写删除过的增值税申报表及其附列资料。若发票填写错误，可在删除申报表后先修改发票，然后重新进行上述(二)~(七)中的步骤，具体操作界面如图 2-39 至图 2-43 所示。

图 2-39 【删除申报表】界面

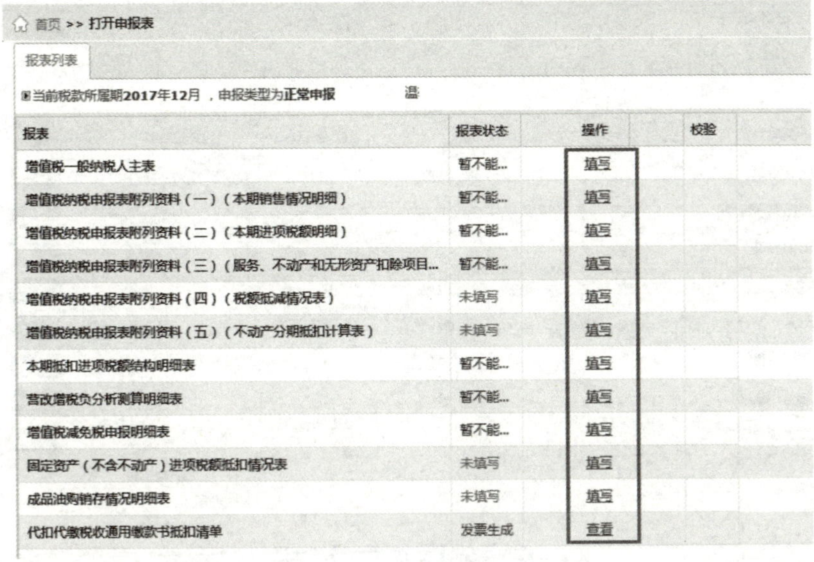

图 2-40　【重新填写申报表】界面

图 2-41　【修改发票】界面

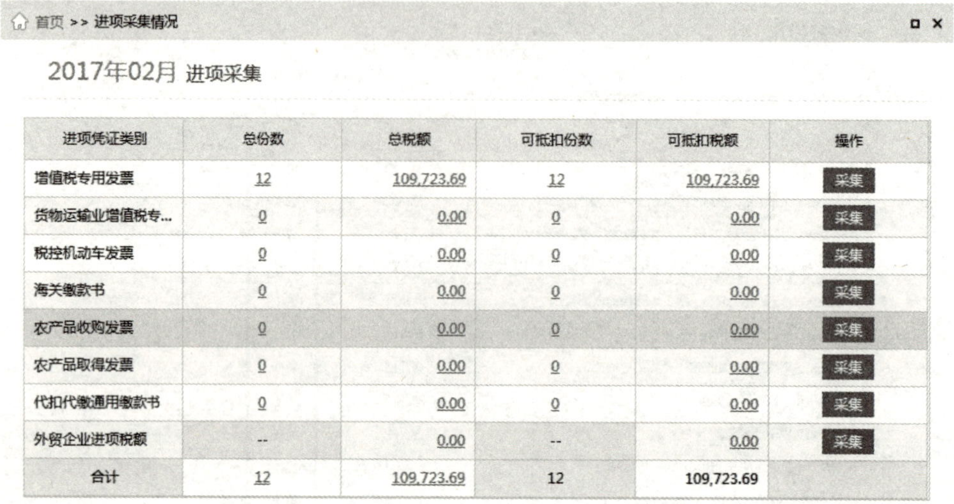

图 2-42　【修改发票】界面

图 2-43　【修改发票】界面

【本章小结】

本章主要讲解增值税一般纳税人的概念、一般纳税人的认定、增值税的征税范围、税率以及应纳税额的计算等理论知识，并在了解相关理论的基础上介绍了增值税一般纳税人纳税申报的具体流程，核心部分主要有四个步骤，并以图片形式详细展示了操作时的具体界面及易错细节，方便同学们练习使用。此外展示了增值税一般纳税人纳税申报的经典案例，并详细讲解了本案例的具体操作过程，利用案例让同学们真正感受到实际纳税申报的情形。同时，本章配套相应的练习题，同学们可自行练习，该实训系统有自主评分及查看答案功能，同学们在提交案例后可自主批改纠错。

【练习题】

1. 贝茜设计印务有限公司 2016 年留抵税额为：109 267.06 元。

2017 年 1 月进项税资料如下：

(1)从三合科技有限公司购入 20 台打印机，单价 8 435.503 元，总金额 168 710.06 元，增值税税额 28 680.71 元，税率 17%。

(2)从联想科技有限公司购入 2 台电脑，单价 4 260.00 元，总金额 8 520.00 元，增值税税额 1 448.40 元，税率 17%。

注：购入电脑符合对购进固定资产进项税抵扣规定，经税务机关允许可以抵扣购进电脑支付的进项税额，报表人员应根据允许抵扣的固定资产进项税额填写固定资产进项税额抵扣情况表。

(3)从联众科技有限公司购入 2 吨高纯度二氧化碳，单价 3 500.00 元，总金额 7 000.00 元，增值税税额 1 190.00 元，税率 17%。

(4)委托上海快捷快运有限公司运送货物一批，支付运费 9 009.01 元，增值税税额 990.99 元，税率 11%。

(5)委托上海快捷快运有限公司运送货物一批，支付运费 6 211.55 元，增值税税额 683.27 元，税率 11%。

(6)进口一台电脑，取得海关进口增值税专用缴款书，完税价格为 6 425.00 元，增值税税款金额 1 092.25 元，税率 17%。

2017 年 1 月实现销售数据：

(1)销售给力天实业有限公司 50 台打印机，单价 3 986.50 元，总金额 199 325.00 元，增值税税额 33 885.25 元，税率 17%。

(2)销售给新大印务有限公司 30 台打印机，单价 8 471.50 元，总金额 254 145.00 元，增值税税额 43 204.65 元，税率 17%。

(3)销售给金网印刷材料厂 3 吨高纯度二氧化碳，单价 2 000.00 元，总金额 6 000.00 元，增值税税额 1 020.00 元，税率 17%。

(4)销售给伯耐机电设备有限公司 6 台传真机，单价 8 794.00 元，总金额

52 764.00 元，增值税税额 8 969.88 元，税率 17％。

（5）销售给施耐德电器设备有限公司 10 台打印机，单价 9 794.00 元，总金额 97 940.00 元，增值税税额 16 649.80 元，税率 17％。

（6）销售给科鑫技术有限公司 11 台电脑，单价 5 700.00 元，总金额 62 700.00 元，增值税税额 10 659.00 元，税率 17％。

（7）销售给科盛技术有限公司 20 台复印机，单价 2 014.30 元，总金额 40 286.00 元，增值税税额 6 848.62 元，税率 17％。

（8）收到税友软件集团有限公司支付的打印机货款 35 000.00 元，并取得相应收据。

（9）收到衡信教育科技有限公司支付的打印机货款 48 500.00 元，并取得相应收据。

（10）收到恒鑫印刷有限公司支付的打印机货款 47 800.00 元，并取得相应收据。

（11）收到大民印刷有限公司支付的打印机货款 22 390.00 元，并取得相应收据。

（12）收到科鑫电子信息有限公司支付的打印机货款 26 127.30 元，并取得相应收据。

在发票采集系统采集发票资料后，依此填写保存附表一、附表二、增值税纳税申报表及固定资产进项税额抵扣情况表，在"发送报表"中将已经保存成功的报表上报税务机关，通过"申报查询"功能将已报送成功的报表打印出来留存备查。企业如当月申报有增值税款的可通过"网上缴税"申请网上扣缴税款。

2. 请将当前税款所属期设置成 2017 年 1 月。

资料一：税控系统开票资料（提示：先按开票资料开具增值税专用发票，按发票上的金额进行申报。开票日期不做要求）。

（1）方正包装有限公司（税号：330288880000045，开户行：工商银行，银行账户：789789789789789）为长期合作客户，本月向方正包装有限公司销售货物，资料如下：

①销售货物明细资料（表 2-4）：请在备注栏内注明收款方式为：银行转账。

表 2-4 销售货物明细资料

货物名称（型号）	数量（台）	不含税单价（元）
打印机 LBP3250	8	4 520.00
打印机 LBP6300	3	3 000.00
打印机 LBP6650	2	5 100.00

②销售货物明细资料(表2-5)：请在备注栏内注明收款方式为：现金。

表 2-5　销售货物明细资料

货物名称(型号)	数量(箱)	不含税单价(元)
A4 纸	15	135.00
打印纸　窄行	25	68.00

③销售货物明细资料(表2-6)：请在备注栏内注明收款方式为：转账支票。打印机LBP6108给予2%的商业折扣。

表 2-6　销售货物明细资料

货物名称(型号)	数量(台)	不含税单价(元)
打印机 LBP6108	12	3 580.00
复印机 ML－2245	3	8 500.00

④销售货物明细资料(表2-7)：请在备注栏内注明收款方式为：转账支票。打印机LBP3250给予3%的折扣，打印机LBP3095给予1.5%的折扣。

表 2-7　销售货物明细资料

货物名称(型号)	数量(台)	不含税单价(元)
打印机 LBP3250	4	3 350.00
打印机 LBP5050	5	3 600.00
打印机 LBP3095	9	3 700.00

(2)本月向富通印刷器材商行(税号330199999000065，地址：城中北路203-2号，开户行及账号88245879879789)，销售货物资料如下：

①销售货物明细资料(表2-8)：请在备注栏内注明收款方式为：转账支票。

表 2-8　销售货物明细资料

货物名称(型号)	数量(台)	不含税单价(元)
打印机 LBP3095	4	3 600.00
打印机 LBP6650	5	5 050.00
打印机 LBP7200	5	4 700.00

②销售货物明细资料(表2-9)：开具清单发票，请在备注栏内注明收款方式为：银

行转账。该批货物给予 2% 的折扣。

表 2-9　销售货物明细资料

货物名称(型号)	数量	不含税单价(元)
复印机 ML-2245	2 台	5 600.00
打印机 LBP3310	3 台	4 500.00
打印机 Hp1010	2 台	3 500.00
打印机 LBP3095	3 台	3 580.00
打印机 Epson LQ-680k	4 台	5 680.00
打印机 LBP6650	2 台	5 050.00
打印机 LBP7200	3 台	4 660.00
复印纸	10 箱	250.00
计算器	30 台	65.00

(3)本月向鼎坚电子科技有限公司(税号 330199999000005,地址:中兴中路 107 号 a 栋 401,开行及账号 789789789789789)转让一项专项技术,款项共计 98000.00 元。

(4)本月向立天实业有限公司(税号 330199999000028,址址:肖江镇世纪大道,开户行与账号:789789789789789)销售货物如下:

①销售货物明细资料(表 2-10):请在备注栏内注明收款方式为:银行转账。

表 2-10　销售货物明细资料

货物名称(型号)	数量(台)	不含税单价(元)
打印机 Epson LQ-590k	2	6 250.00
打印机 Epson LQ-300k	3	5 350.00
打印机 Epson LQ-680k	1	5 680.00

②销售货物明细资料(表 2-11):折扣均为 2%。

表 2-11　销售货物明细资料

货物名称(型号)	数量(台)	不含税单价(元)
打印机 LBP7200	4	4 760.00
打印机 LBP3095	2	3 550.00

资料二:进项发票认证资料,上期留抵进项税额 73 380.20 元。

(1)向河北税友软件有限公司购买 A 类平卡 5 000 个，单价 0.205 128 元，总金额 1 025.64 元，增值税税额 174.36 元，税率 17%；购买 B 类平卡 3 000 个，单价 0.384 616 元，总金额为 1 153.85 元，增值税税额 196.15 元，税率 17%。

(2)向深圳税友软件有限公司购买 A 类铁柜 2 个，单价 384.615 元，总金额 769.23 元，增值税税额 130.77 元，税率 17%；购买 B 类铁柜 10 个，单价 464.957 元，总金额 4 649.57 元，增值税税额 790.43 元，税率 17%。

(3)向新疆税友软件有限公司购入 3 000 个教学护具，单价 2.473 37 元，总金额 7 420.11 元，增值税税额 1 261.42 元，税率 17%。

(4)向税友软件集团股份有限公司购入电脑，分三批次购入，电脑单价为 2 500.00 元，单次采购金额为 10 000.00 元，增值税税额为 1 700.00 元，税率 17%，每次采购取得一张增值税专用发票，共开具三张增值税专用发票。

(5)向税友软件集团股份有限公司购入 2 台电脑，单价 4 230.77 元，总金额 8 461.54 元，增值税税额 1 438.46 元，税率 17%。

(6)委托远成集团有限公司绍兴分公司运输外购货物，运费金额 3 648.65 元，增值税税额 401.35 元，税率 11%。

资料三：其他申报资料。

2017 年 1 月，公司采购业务(发票未经认证)以及其他销售业务资料如下：

(1)1 月 3 日销售杭州龙生科技有限公司(税号 330100584524570)商品一批：专业设备 1 台，金额 41 025.64 元，增值税税额 6 974.36 元，税率 17%，开具增值税普通发票。

(2)1 月 7 日销售杭州文化创意有限公司(税号 330100584555556)设备 1 台，金额 117 948.72 元，增值税税额 20 051.28 元，税率 17%，开具增值税普通发票。

(3)1 月 11 日，公司购入饮水机一台，金额 1 555.55 元，增值税税额 264.45 元，税率 17%，款项已付，发票已收。(未进行认证)

(4)1 月 15 日销售杭州文化创意有限公司(税号 330100584555556)商品一批，金额 10 726.50 元，增值税税额 1 823.50 元，税率 17%。

(5)1 月 15 日销售 ABC 有限公司(税号 330100584555555)商品一批，商品金额 20 000.00 元，增值税税额 3 400.00 元，税率 17%。支付运输费用 1 920.00 元，其中运费金额 1 729.73 元，增值税税额 190.27 元，税率 11%，取得运输业增值税专用发票。(运输发票未进行认证)

(6)1 月 28 日，公司盘点时发现购入的原材料盘亏 40 000.00 元，其中被盗材料账面金额 38 420.00 元，自然损耗 1 580.00 元。

（7）1 月 30 日，向小规模纳税人购买商品一批，价税合计金额为 18 000.00 元，已验收入库，款项已付，发票已取得。

（8）1 月 30 日公司为表彰选进，将自产产品一批奖励给优秀员工，该批产品的成本价格为 12 500.00 元，市场不含税价格为 21 000.00 元。

（9）1 月 31 日销售商品一批，现金收到货款 12 000.00 元。

3. 本企业为 2017 年 3 月 1 日成立的一般纳税人，本月主要业务如下：

（1）收到航天信息的技术服务费发票 407.00 元（金额 383.96 元，增值税税额 23.04 元，税率 6%）款项已预付。

（2）赊销个人打印机一批，其中，赊销 5860SP 规格打印机 33 台，单价 4 500.00 元，金额 148 500.00 元；赊销 5860SP＋规格打印机 10 台，单价 4 300.00 元，金额 43 000.00 元。赊销金额共计 191 500.00 元，个人不要发票。

（3）赊销泉州市海洋电脑科技有限公司打印机一批，分两次销售，第一次售出 CK15860＋SP 规格打印机 14 台，单价 3 076.923 元，总金额 43 076.92 元，增值税税额 7 323.08 元；售出 CK15860SP 规格打印机 5 台，单价 3 247.863 元，总金额 16 239.32 元，增值税税额 2 760.68 元，两类打印机销售金额共计 59 316.24 元，增值税税额总计 10 083.76 元，税率 17%，开具一张增值税发票。第二次售出 CK15860＋SP 规格打印机 14 台，单价 3 076.923 元，总金额 43 076.92 元，增值税税额 7 323.08 元；售出 CK15860SP 规格打印机 5 台，单价 3 247.863 元，总金额 16 239.32 元，增值税税额 2 760.68 元，两类打印机销售金额共计 59 316.24 元，增值税税额总计 10 083.76 元，税率 17%，开具一张增值税发票。

（4）购入办公用的电脑 20 台，单价 4 145.299 元，总金额 82 905.98 元，增值税税额 14 094.02 元，税率 17%。

（5）购入打印机一批，其中，购入 5860SP 规格打印机 100 台，单价 2 991.453 元，金额 299 145.30 元，税额 50 854.70 元；购入 5860SP＋规格打印机 50 台，单价 2 735.042 元，金额 136 752.14 元，税额 23 247.86 元。金额共计 435 897.44 元，税额合计 74 102.56 元，税率 17%，款项未付。

（6）收到福州德利物流有限公司的运费发票，运费金额 900.90 元，增值税税额 99.10 元，税率 11%，价税合计 1 000.00 元，款项未付。

（7）赊销泉州海洋电脑科技有限公司打印机一批，分两次销售，第一次售出 CK15860＋SP 规格打印机 14 台，单价 3 076.923 元，总金额 43 076.92 元，增值税税额 7 323.08 元；售出 CK15860SP 规格打印机 5 台，单价 3 247.863 元，总金额 16 239.32 元，增值税税额 2 760.68 元，两类打印机销售金额共计 59 316.24 元，增值税税额总计 10 083.76 元，税率 17%，开具一张增值税发票。第二次售出 CK15860＋SP 规格打印机 14 台，单价 3 076.923 元，总金额 43 076.92 元，增值税税额 7 323.08 元；售出 CK15860SP 规格打印机 5 台，单价 3 247.863 元，总金额 16 239.32 元，增值税税额 2 760.68 元，两类打印机销售金额共计 59 316.24 元，增值税税额总计 10 083.76 元，税率 17%，开具一张增值税发票。

(8)赊销福州晋安区燕新贸易商行打印机一批，其中，销售 5860SP 规格打印机 45 台，单价 4 000.00 元，金额 180 000.00 元；销售 5860SP＋规格打印机 12 台，单价 3 800.00 元，金额 45 600.00 元，金额共计 225 600.00 元。福州晋安区燕新贸易商行为个体户，不要发票，开具送货单。

第三章　增值税小规模纳税人
纳税申报原理与实训

【学习目标】

1. 了解增值税小规模纳税人概念；
2. 理解增值税小规模纳税人应纳税额的计算；
3. 掌握增值税小规模纳税人网上申报及缴纳。

第一节　增值税小规模纳税人纳税原理

一、增值税小规模纳税人的概念

根据《增值税暂行条例》《增值税暂行条例实施细则》和"营改增"相关文件的规定，小规模纳税人的认定标准如下。

(1)从事货物生产或者提供应税劳务的纳税人，以及以从事货物生产或者提供应税劳务为主，并兼营货物批发或者零售的纳税人，年应税销售额在 50 万元(含)以下的；"以从事货物生产或者提供应税劳务为主"是指纳税人的年货物生产或者提供应税劳务的销售额占年应税销售额的比重在 30% 以上。

(2)对上述规定以外的纳税人(不含发生应税行为的纳税人)，年应税销售额在 80 万元(含)以下的。

(3)年应税销售额超过小规模纳税人标准的其他个人按小规模纳税人纳税。

(4)非企业性单位可选择按小规模纳税人纳税。

(5)提供应税服务年销售额未超过 500 万元的纳税人为小规模纳税人。

二、小规模纳税人应纳税额的计算

纳税人销售货物或者提供应税劳务或者发生应税行为适用简易计税方法的，应该按照销售额和征收率计算应纳增值税税额，并且不得抵扣进项税额。其应纳税额的计算公式如下：

$$应纳税额＝销售额×征收率$$

小规模纳税人一律采用简易计税方法计税，但是一般纳税人销售特定货物或者提供特定应税行为可以选择适用简易计税方法。

按简易计税方法的销售额不包括其应纳税额，纳税人采用销售额和应纳税额合并定价方法的，按照下列公式计算销售额：

$$销售额＝含税销售额÷（1＋征收率）$$

这里销售额的含义与一般计税方法中销售额的含义一样，均是不含增值税的销售额。

三、增值税证收率

征收率适用两种纳税人，即小规模纳税人和按简易计税办法征收增值税的一般纳税人。"营改增"后，增值税征收率分为 3％和 5％。

第二节　增值税小规模纳税人纳税申报流程

增值税小规模纳税人的纳税申报流程与一般纳税人纳税申报流程类似，但比一般纳税人申报手续简单，最大的不同是小规模纳税人无须进行发票采集，且填写的申报表比一般纳税人少很多。增值税小规模纳税人纳税申报流程如图 3-1 所示。

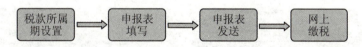

图 3-1　增值税小规模纳税人纳税申报流程图

一、税款所属期设置

登录【增值税小规模网上申报实训系统】后，单击【更改】，将税款所属期改为实训资料的税款所属期，单击【确定】。具体操作界面如图 3-2 所示。

二、申报表填写

增值税小规模纳税人需要申报三张报表，分别是：小规模纳税申报表，附列资料表，增值税减免税申报明细表。填报顺序是：附列资料表—增值税减免税申报明细表—小规模纳税申报表。

图 3-2 【税款所属期设置】界面

单击【申报表填写与编辑】，进入附列资料表填写数据，填制完成后，单击【保存】，然后依次填写税额抵减情况表和小规模纳税申报表，具体操作界面如图 3-3 所示。

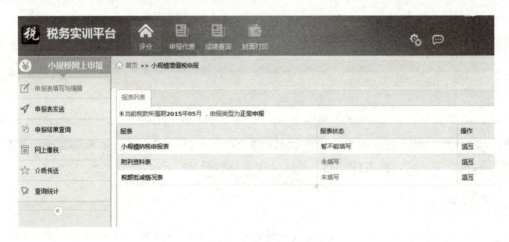

图 3-3 【申报表填写与编辑】界面

三、申报表发送

单击【申报表发送】，选中要发送的报表后，单击【申报表发送】，具体操作如图 3-4 所示。

图 3-4　【申报表发送】界面

四、网上缴税

单击【网上缴税】，在"缴税信息"对话框里单击【缴税】。具体操作界面如图 3-5 所示。

图 3-5　【网上缴税】界面

第三节　增值税小规模纳税人纳税申报实训案例

一、实训案例资料

2017年4月，宏远集团公司发生如下经济业务，请根据成本业务所示完成月纳税申报实训。

(1)2017年4月2日，销售给嘉兴市合丰印刷包装有限公司打印机A套餐1套，金额为10 161.12元，征收率3%，并收取款项。

(2)2017年4月12日，销售给长远绿色印刷材料有限公司A4纸5箱，金额为605.00元，征收率3%，并收到货款。

(3)2017年4月16日，销售给东城印刷制品有限公司1台打印机，金额为867.00元，征收率3%，并收取货款。

(4)2017年4月18日，销售给财刀网股份有限公司15台打印机，金额为13 500.00元，征收率3%。

(5)宏远集团公司3月增值税纳税申报情况如表3-1所示。

表3-1　增值税纳税申报表(适用小规模纳税人)

纳税人识别号：

纳税人名称(公章)：宏远集团公司　　　　　　　　　　金额单位：元(列至角分)

税款所属期：2017年3月1日至2017年3月31日　　　　填表日期：2017年4月3日

	项　目	栏次	本月数	本年累计
一、计税依据	(一)应征增值税货物及劳务不含税销售额	1	52 126.00	203 126.00
	其中：税务机关代开的增值税专用发票不含税销售额	2		
	税控器具开具的普通发票不含税销售额	3		
	(二)销售使用过的应税固定资产不含税销售额	4		
	其中：税控器具开具的普通发票不含税销售额	5		
	(三)免税货物及劳务销售额	6		
	其中：税控器具开具的普通发票销售额	7		
	(四)出口免税货物销售额	8		
	其中：税控器具开具的普通发票销售额	9		
	核定销售额			

续表

项　目	栏次	本月数	本年累计
本期应纳税额	10	1 563.78	6 093.78
核定应纳税额			
本期应纳税额减征额	11		
应纳税额合计	12＝10－11	1 563.78	6 093.78
本期预缴税额	13		—
本期应补(退)税额	14＝12－13	1 563.78	—

（左侧纵向合并单元格：二、税款计算）

纳税人或代理人声明： 　此纳税申报表是根据国家税收法律的规定填报的，我确定它是真实的、可靠的、完整的。	如纳税人填报，由纳税人填写以下各栏：	
	办税人员(签章)： 法定代表人(签章)：	财务负责人(签章)： 联系电话
	如委托代理人填报，由代理人填写以下各栏：	
	代理人名称： 代理人(公章)：	经办人(签章)： 联系电话

受理人：　　　　　受理日期：　　年　月　日　　　　　受理税务机关(签章)：

二、实训案例分析

自 2009 年 1 月 1 日起全国的小规模纳税人征收率统一为 3%。

为进一步扶持小微企业发展，财政部、国家税务总局联合发布了进一步支持小微企业增值税和营业税的优惠政策，提高了小微企业增值税起征点，对月销售额 3 万元以下(含本数，下同)的增值税小规模纳税人，免征增值税。

本案例中共四笔发票业务，都是销售货物，不涉及应税服务、不动产和无形资产，当月不含税销售额＝(10 161.12＋605＋867＋13 500)÷(1＋3%)≈24 401.09 元，根据我国的税收政策，本案例中的小微企业符合免税条件，月销售额不足 3 万元，因此 4 月不需要缴纳增值税，本期免税销售额＝24 401.09 元，本期免税额＝10 161.12＋605＋867＋13 500－24 401.09＝732.03 元，业务(5)列示的是该企业 2017 年 3 月的增值税纳税申报表，其各项目的本年累计数会影响该企业 4 月的纳税申报表，其中，应征增值税不含税销售额(3%征收率)本年累计＝203 126 元，本期应纳税额本年累计＝6 093.78 元，应纳税额合计本年累计＝6 093.78 元。

三、实训操作过程

(一)税款所属期的设置

登录【增值税小规模网上申报实训系统】后，单击【更改】，将税款所属期改为 2017 年 4 月，单击【确定】，具体操作界面如图 3-6、图 3-7 所示。

图 3-6 【增值税小规模网上申报实训系统】界面

图 3-7 【更改税款所属期】界面

（二）申报表填写与编辑

（1）单击【申报表填写与编辑】，进入附列资料表填写数据，本案例没有发生附列资料表中要求的应税行为，无须录入信息，依次单击【保存】【关闭】。若有相关经营行为，应填入对应资料表中，具体操作界面如图3-8、图3-9所示。

图 3-8　【申报表填写与编辑】界面

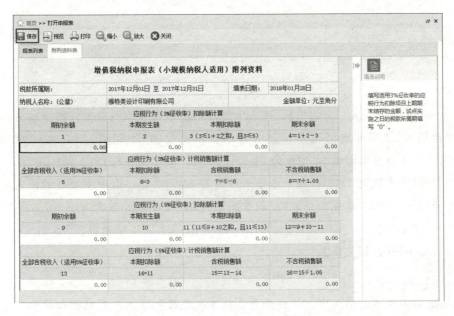

图 3-9　【填制附列资料表】界面

59

　　(2)单击【申报表填写与编辑】，进入增值税减免税申报明细表填写数据。仅享受月销售额不超过 3 万元(按季纳税 9 万元)免征增值税政策或未达起征点的增值税小规模纳税人不需填报明细表，即小规模纳税人当期增值税纳税申报表主表第 9 栏"其他免税销售额""本期数"和第 13 栏"本期应纳税额减征额""本期数"均无数据时，不需填报明细表。本案例中无须录入信息，依次单击【保存】【关闭】，具体操作界面如图 3-10 所示。

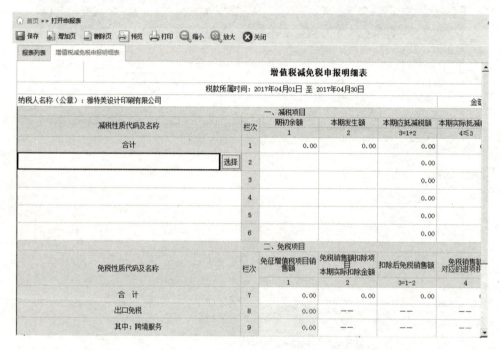

图 3-10　【填制增值税减免税申报明细表】界面

　　(3)单击【申报表填写与编辑】，进入小规模纳税申报表填写数据，将上述分析数据依次手动填入，"应征增值税货物及劳务不含税销售额"本期数为 0，本年累计数为 203 126.00。"免税销售额"本期数为 24 401.09 元，本年累计数为 24 401.09 元。"小微企业免税额"本期数为 732.03 元，本年累计数为 732.03 元。由于小规模纳税人本期发生的业务免税，因此"本期应纳税额"的本期数为 0，本年累计数为 6 093.78 元。"应纳税额合计"本期数为 0，本年累计数为 6 093.78 元，"本期应补退税额"本期数为 0，填制完成后单击【保存】【关闭】。

【知识链接】

　　根据《国家税务总局关于全面推开营业税改征增值税试点有关税收征收管理事项的

公告》(国家税务总局公告 2016 年 23 号)文件规定,增值税小规模纳税人应分别核算销售货物、提供加工、修理修配劳务的销售额和销售服务、无形资产的销售额,增值税小规模纳税人销售货物、提供加工、修理修配劳务月销售额不超过 3 万(按季纳税 9 万元),销售服务、无形资产月销售额不超过 3 万元(按季纳税 9 万元)的,自 2016 年 5 月 1 日起至 2017 年 12 月 31 日,可分别享受小微企业暂免征收增值税优惠政策。

【知识链接】

纳税人销售自己使用过的物品,按下列政策执行:

(1)一般纳税人销售自己使用过的属于条例第十条规定不得抵扣且未抵扣进项税额的固定资产,按简易办法依 3% 征收率减按 2% 征收增值税。

一般纳税人销售自己使用过的其他固定资产,按照《财政部、国家税务总局关于全国实施增值税转型改革若干问题的通知》(财税〔2008〕170 号)第四条的规定执行。一般纳税人销售自己使用过的除固定资产以外的物品,应当按照适用税率征收增值税。

(2)小规模纳税人(除其他个人外,下同)销售自己使用过的固定资产,减按 2% 征收率征收增值税。

小规模纳税人销售自己使用过的除固定资产以外的物品,应按 3% 的征收率征收增值税。

(3)《财政部、国家税务总局关于增值税税控系统专用设备和技术维护费用抵减增值税税额有关政策的通知》(财税〔2012〕15 号)第一条规定,增值税纳税人 2011 年 12 月 1 日(含,下同)以后初次购买增值税税控系统专用设备(包括分开票机)支付的费用,可凭购买增值税税控系统专用设备取得的增值税专用发票,在增值税应纳税额中全额抵减(抵减额为价税合计额),不足抵减的可结转下期继续抵减。增值税纳税人非初次购买增值税税控系统专用设备支付的费用,由其自行负担,不得在增值税应纳税额中抵减。

(三)申报发送

单击【申报表发送】,选中要发送的报表后,单击【申报表发送】,确认提示信息,单击【确定】,具体操作界面如图 3-11、图 3-12 所示。

图 3-11　【申报表发送】界面

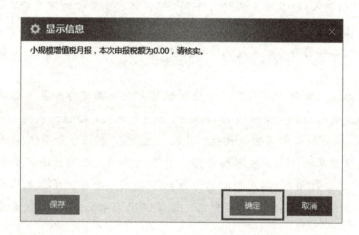

图 3-12　【提示信息】界面

（四）网上缴税

单击【网上缴税】，核对信息后，在"缴税信息"对话框里单击【缴税】，具体操作界
面如图 3-13 所示。

图 3-13　【网上缴税】界面

（五）申报结果查询

单击【申报结果查询】，查询申报结果，具体操作界面如图 3-14 所示。

图 3-14　【申报结果查询】界面

（六）评分

单击【评分】，选择评分案例后，单击【确定】进行评分。若选择错误案例，评分为0分，具体操作界面如图 3-15 所示。

图 3-15 【选择评分案例】界面

（七）成绩查询

若实训成绩未得满分，单击【成绩查询】，选择对应案例，单击【查看】，查询错误之处，具体操作界面如图 3-16、图 3-17 所示。

（八）申报作废

若实训成绩未得满分，可以作废错误数据报表，重新填写正确数据报表进行申报。单击【申报作废】，选择要作废的申报表，单击【作废】。不选择申报作废，无法修改申报过的报表及数据，具体操作界面如图 3-18 所示。

图 3-16 【成绩查询】界面

指标	学生答案	正确答案
计税依据-应征增值税不含税销售额（3%征收率）-本年累计-货物及劳务	203126	203126
计税依据-小微企业免税销售额-本期数-货物及劳务	24401.09	24401.09
计税依据-免税销售额-本期数-货物及劳务	24401.09	24401.09
税款计算-本期应纳税额-本年累计-货物及劳务	6093.78	6093.78
税款计算-本期免税额-本期数-货物及劳务	732.03	732.03
税款计算-应纳税额合计-本年累计-货物及劳务	6093.78	6093.78

学号： 0001　　　　学生姓名： 崔丹

所在班级： 2017练习班　　　　案例名称： V3.3增值税小规模纳税人网.

所属系统： 小规模纳税人网上申报V3.0　　　　提交时间： 2018-02-28 13:33:20

一般案例　组合案例

返回

图 3-17 【查看成绩】界面

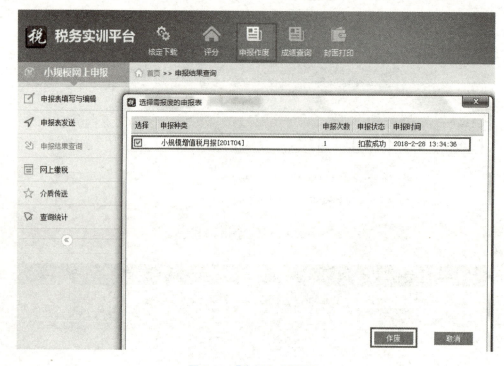

图 3-18 【申报作废】界面

【本章小结】

本章主要介绍了增值税小规模纳税人的概念、划分标准及小规模纳税人应纳税额的计算，在了解了相关理论的基础上说明了增值税小规模纳税人纳税申报的具体流程，由于增值税小规模纳税人纳税申报流程较简单，本章重点讲解了增值税小规模纳税人如何填写纳税申报表，详细说明了申报表中各个项目间的勾稽关系，这是小规模纳税人申报纳税环节中最重要的内容。此外，针对增值税小规模纳税人纳税申报准备了实训案例，展示了具体的操作步骤，方便读者在掌握操作流程后尽快进行练习。同时还准备了三道练习题，分别针对不同的易错点，再次检测对增值税小规模纳税人的纳税申报流程的掌握能力。

【练习题】

1. 深圳市菱电制冷设备销售有限公司为增值税小规模纳税人，2017 年 3 月主要业务如下：

(1)企业为安民农副产品贸易有限公司销售了 3 套空调专用铜管及过滤网设备，含税单价320.00元，共计960.00元，征收率3%。款项未收回。

(2)企业为深圳市兴隆建筑安装有限责任公司销售了1套空调不锈钢加厚版支架设备，含税单价800.00元，并同时进行空调移机、安装，安装费(含税)626.00元，共计1 426.00元，征收率3%，以上款项已经通过银行转账收讫。

(3)企业向深圳大润发有限公司销售冷库设备并安装，含税单价8 800元，共取得收入26 400.00元，征收率3%，款项未收回。

(4)3月20日，销售自己使用过的固定资产收到含税收入3 500.00元，征收率2%。

(5)3月21日，购置税控收款机(公司初次购买增值税税控系统专用设备)，取得增值税专用发票，不含税金额为3 000.00元，增值税税额为510.00元，税率17%。

(6)2017年2月份纳税申报资料如表3-2所示。

表3-2　增值税纳税申报表(适用小规模纳税人)

纳税人识别号：

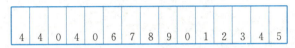

| 4 | 4 | 0 | 4 | 0 | 6 | 7 | 8 | 9 | 0 | 1 | 2 | 3 | 4 | 5 |

纳税人名称(公章)：深圳市菱电制冷设备销售有限公司　　　　金额单位：元(列至角分)

税款所属期：2017年2月01日至2017年2月28日　　　　填表日期：2017年3月3日

	项　目	栏次	本期数		本年累计	
			应税货物及劳务	应税服务	应税货物及劳务	应税服务
一、计税依据	(一)应征增值税不含税销售额	1	52 126.00		203 126.00	
	税务机关代开的增值税专用发票不含税销售额	2				
	税控器具开具的普通发票不含税销售额	3				
	(二)销售使用过的应税固定资产不含税销售额	4(4≥5)		——		——
	其中：税控器具开具的普通发票不含　税销售额	5		——		——

续表

项　目		栏次	本期数		本年累计	
			应税货物及劳务	应税服务	应税货物及劳务	应税服务
一、计税依据	（三）免税销售额	6(6≥7)				
	其中：税控器具开具的普通发票销售额	7				
	（四）出口免税销售额	8(8≥9)				
	其中：税控器具开具的普通发票销售额	9				
二、税款计算	本期应纳税额	10	1 563.78		6 093.78	
	本期应纳税额减征额	11				
	应纳税额合计	12＝10－11	1 563.78		6 093.78	
	本期预缴税额	13			——	——
	本期应补（退）税额	14＝12－13	1 563.78		——	——

纳税人或代理人声明：　　本纳税申报表是根据国家税收法律法规及相关规定填报的，我确定它是真实的、可靠的、完整的。	如纳税人填报，由纳税人填写以下各栏：	
	办税人员：	财务负责人：
	法定代表人：	联系电话：
	如委托代理人填报，由代理人填写以下各栏：	
	代理人名称（公章）：　　　　经办人：　　　　联系电话：	

受理人：　　　　　受理日期：　　年　月　日　　　　　受理税务机关（签章）：

2. 2017 年 3 月北京聚鑫商贸有限公司（小规模纳税人）正式开业，2017 年 3 月发生以下业务：

（1）3 月 1 日购进计算器 3 000 台，单价 10.00 元，取得增值税发票上注明的价款为 30 000.00 元，增值税税款为 5 100.00 元，税率 17%，货款已转账支付，商品已验收入库。

（2）3 月 2 日销售作业本 1 000 套，单价 25.00 元，取得销售收入 25 000.00 元，开具普通发票，征收率 3%，款项尚未收到。

(3)3 月 18 日销售计算器 600 台，单价 24.271 85 元，金额 14 563.11 元，增值税税额 436.89 元，征收率 3%，由税务机关代开增值税专用发票，款已存入银行。

3.××有限公司为增值税小规模纳税人：

(1)2017 年 6 月实现含税销售收入：35 000.00 元，征收率 3%。

(2)2017 年 6 月 20 日，销售自己使用过的固定资产收到含税收入 8 000.00 元，征收率 2%。

(3)2017 年 6 月 21 日，公司初次购买增值税税控系统专用设备—税控收款机，取得增值税专用发票，不含税金额为 2 564.10 元，税额为 435.90 元，税率 17%。

(4)2017 年 5 月纳税申报资料如表 3-3 所示。

表 3-3 增值税纳税申报表(小规模纳税人适用)

纳税人识别号：☐☐☐☐☐☐☐☐☐☐☐☐☐☐☐☐☐☐☐☐

纳税人名称(公章)：××有限公司　　　　　　　　　　金额单位：元至角分

税款所属期：2017 年 5 月 1 日至 2017 年 5 月 31 日　　　　填表日期：2017 年 6 月 1 日

项　目		栏次	本期数		本年累计	
			货物及劳务	服务、不动产和无形资产	货物及劳务	服务、不动产和无形资产
一、计税依据	(一)应征增值税不含税销售额(3%征收率)	1	52 126.00		203 126.00	
	税务机关代开的增值税专用发票不含税销售额	2				
	税控器具开具的普通发票不含税销售额	3				
	(二)应征增值税不含税销售额(5%征收率)	4	——		——	
	税务机关代开的增值税专用发票不含税销售额	5				
	税控器具开具的普通发票不含税销售额	6				
	(三)销售使用过的固定资产不含税销售额	7(7≥8)	——		——	
	其中：税控器具开具的普通发票不含税销售额	8	——		——	

续表

项　目	栏次	本期数		本年累计	
		货物及劳务	服务、不动产和无形资产	货物及劳务	服务、不动产和无形资产
一、计税依据　(四)免税销售额	9＝10＋11＋12				
其中：小微企业免税销售额	10				
未达起征点销售额	11				
其他免税销售额	12				
(五)出口免税销售额	13(13≥14)				
其中：税控器具开具的普通发票销售额	14				
二、税款计算　本期应纳税额	15	1 563.78		6 093.78	
本期应纳税额减征额	16				
本期免税额	17				
其中：小微企业免税额	18				
未达起征点免税额	19				
应纳税额合计	20＝15－16	1 563.78		6 093.78	
本期预缴税额	21			——	——
本期应补(退)税额	22＝20－21	1563.78		——	——

纳税人或代理人声明：	如纳税人填报，由纳税人填写以下各栏：	
本纳税申报表是根据国家税收法律法规及相关规定填报的，我确定它是真实的、可靠的、完整的。	办税人员：	财务负责人：
	法定代表人：	联系电话：
	如委托代理人填报，由代理人填写以下各栏：	
	代理人名称(公章)：　　　　经办人：　　　　联系电话：	

主管税务机关：　　　　　　　　　　接收人：　　　　　　　　接收日期：

第四章　消费税纳税申报原理与实训

【学习目标】

1. 了解消费税纳税义务人；
2. 熟悉消费税的征税范围、税目、税率；
3. 掌握消费税应纳税额的计算以及网上申报与缴纳。

第一节　消费税纳税原理

一、消费税的概念

消费税是对在中国境内从事生产和进口税法规定的应税消费品的单位和个人征收的一种流转税，是对特定的消费品和消费行为在特定环节征收的一种间接税。

二、纳税义务人

(一)纳税义务人一般规定

在中华人民共和国境内生产、委托加工和进口消费税暂行条例规定的消费品的单位和个人，为消费税纳税义务人。

所谓的"在中华人民共和国境内"，是指生产、委托加工和进口属于应当缴纳消费税的消费品(简称应税消费品)的起运地或所在地在境内。

批发、零售环节一般不纳消费税。

委托加工环节消费税的纳税人是委托方，扣缴义务人是受托方。

(二)纳税义务人特殊规定

(1)批发卷烟的单位；

(2)零售金银首饰、钻石及钻石饰品的单位和个人；

(3)零售超豪华小汽车的单位、进口自用超豪华小汽车的单位及人员。

三、证税范围

消费税共有 15 个税目，部分税目下设若干子税目(详见附表 4)。我国征收消费税的消费品大致可以分为五大类：

(1)过度消费会对人类健康、社会秩序、生态环境等方面有害的消费品，如烟、酒、鞭炮、烟火等。

(2)奢侈品和非生活必需品，如贵重首饰和珠宝玉石、高档手表等。

(3)高能耗消费品，如汽车、摩托车等。

(4)不可再生和不可替代的石油类消费品，如成品油类等。

(5)具有一定财政意义的消费品，如涂料等。

四、消费税应纳税额的计算

消费税应纳税额的计算实行从价定率、从量定额，或者从价定率和从量定额并用的复合计税(以下简称复合计税)方法来计算(表4-1)。

(一)从价定率征收

实行从价定率方法计税的应税消费品计税依据为纳税人向购买方收取的全部价款和价外费用。应纳税额的基本计算公式如下：

$$应纳税额＝销售额×比例税率$$

纳税人委托加工应税消费品应纳税额计算公式如下：

$$应纳税额＝受托方的同类消费品计税价格×适用税率$$

没有同类应税消费品销售价格的，按照组成计税价格计算缴税：

$$应纳税额＝(材料成本＋加工费)÷(1－消费税税率)×适用税率$$

进口应税消费品的应纳税额按照组成计税价格计算应纳税额：

$$组成计税价格＝(关税完税价格＋关税)÷(1－消费税税率)$$

$$应纳税额＝组成计税价格×适用税率$$

(二)从量定额征收

实行从量定额方法计税的应税消费品有酒类的啤酒、黄酒以及成品油整个税目，计税依据为销售量。应纳税额计算公式如下：

$$应纳税额＝销售量×定额税率$$

所谓应税消费品的销售量，具体规定如下：

(1)销售应税消费品的，为应税消费品的销售数量；

(2)自产自用应税消费品的，为应税消费品的移动使用数量；

(3)委托加工应税消费品的，为纳税人收回的应税消费品数量；

(4)进口应税消费品的，为海关核定的应税消费品进口征税数量。

（三）复合计税

实行复合计税方法计税的应税消费品只有卷烟和酒类的白酒两个税目。应纳税额计算公式如下：

$$应纳税额＝销售额×比例税率＋销售量×定额税率$$

表 4-1　消费税应纳税额的计算

税率及计税形式	适用应税项目	应纳税额
定额税率 （从量定额）	啤酒；黄酒；成品油	销售数量（进口数量、交货数量）×单位税额
比例税率、定额税率并用（复合计税）	白酒；卷烟	销售数量（进口数量、交货数量）×定额税率＋销售额（同类应税消费品价格、组成计税价格）×比例税率
比例税率 （从价定率）	上述以外的其他应税消费品	销售额（同类应税消费品价格、组成计税价格）×税率

五、消费税的征收管理

（一）纳税环节

1. 单一纳税环节缴纳消费税

（1）一般情况：消费税分布于 3 个环节——生产、委托加工、进口，指定环节一次性缴纳，批发、零售环节不再缴纳。

纳税人生产销售应税消费品的，应当在销售环节纳税；

纳税人自产自用应税消费品的，应当在消费品移送使用环节纳税；

纳税人委托加工应税消费品的，由受托方在委托方提货环节代收代缴；

纳税人进口应税消费品的，由海关负责在报关进口环节征收。

（2）特殊情况：零售环节缴纳消费税。零售环节征收消费税的金银首饰仅限于：金基、银基合金首饰以及金、银和金基、银基合金的镶嵌首饰。不符合条件的，仍在生产环节交纳消费税的金银首饰；进口金银首饰暂不征收进口消费税，零售环节缴纳。

2. 双纳税环节缴纳消费税

（1）卷烟——批发环节加征

批发环节消费税的纳税人是指在中华人民共和国境内从事卷烟批发业务的单位和

个人。自2015年5月10日起，卷烟批发环节消费税的从价税税率由5％提高至11％，并按250元/箱加征从量税。纳税人销售给纳税人以外的单位和个人的卷烟于销售时纳税；纳税人之间销售的卷烟不缴纳消费税。

正常缴纳消费税：生产、委托加工、进口环节

加征消费税：批发环节(只有卷烟批发环节加征消费税)

(2)超豪华小轿车——零售环节加征

超豪华小汽车是指每辆不含增值税零售价格≥130万元的乘用车和中轻型商用客车

正常缴纳消费税：生产、进口环节

加征消费税——零售环节：自2016年12月1日起，在零售环节加征10％的消费税。

$$零售环节加征消费税应纳税额＝不含增值税零售价格×10％$$

(二)纳税期限

消费税的纳税期限分别为1日、3日、5日、10日、15日、1个月或者1个季度。纳税人的具体纳税期限，由主管税务机关根据纳税人应纳税额的大小分别核定；不能按照固定期限纳税的，可以按次纳税。

纳税人以1个月或者1个季度为1个纳税期的，自期满之日起15日内申报纳税；以1日、3日、5日、10日或者15日为1个纳税期的，自期满之日起5日内预缴税款，于次月1日起15日内申报纳税并结清上月应纳税款。

纳税人进口应税消费品，应当自海关填发海关进口消费税专用缴款书之日起15日内缴纳税款。

第二节　消费税纳税申报流程

消费税15个应税项目，根据应税消费品的不同，分为七个纳税申报子系统，需要填写不同的消费税纳税申报表，但纳税申报流程基本一致(图4-1)。申报过程中，除了烟类、酒类、小汽车、成品油、电池、涂料有独立申报系统外，其他销售应税消费品的企业在申报消费税时，均通过【其他消费税网上申报实训系统】来完成。本节以"其他消费税"网上申报为例来介绍消费税纳税申报流程。

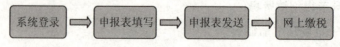

图4-1　消费税纳税申报流程图

一、系统登录

申报期内，登录税务实训平台，单击【消费税】进入"消费税网上申报实训系统"，单击
【其他消费税网上申报实训系统】，修改税款所属期。相关操作界面如图4-2、图4-3所示。

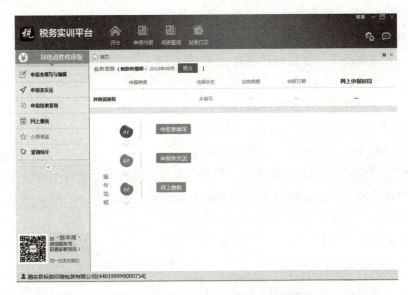

图 4-2 【其他消费税网上申报实训系统】界面

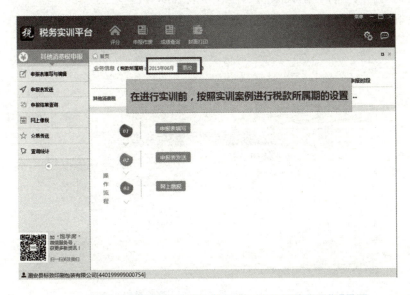

图 4-3 【其他消费税网上申报实训系统—修改税款所属期】界面

二、申报表填写

根据应税消费品的不同，有不同的消费税纳税申报表。实务中，除了烟类、酒类、小汽车、成品油、电池、涂料之外，其他销售应税消费品的企业在申报消费税时，都应该填写"其他应税消费品"消费税纳税申报表及其附表。

申报其他应税消费品的消费税时需要填报五张表格，分别是：

附表一：本期准予扣除税额计算表；

附表二：准予扣除消费税凭证明细表；

附表三：本期代收代缴税额计算表；

本期减（免）税额明细表（由享受减免的纳税人进行填报）；

主表：其他应税消费品消费税纳税申报表；

（报表填写顺序为：先附表后主表。附表未填写完成，则主表暂不能填写。）

注意：附表一、附表二均由外购或委托加工收回应税消费品后连续生产应税消费品的纳税人根据当期发生业务信息进行填报并保存；

附表三由应税消费品受托加工方填写；

本期减（免）税额明细表由享受减免的纳税人进行填报并保存。

其他应税消费品消费税纳税申报表主表分为表头和正表两部分。表头内容包括税款所属期、纳税人名称、纳税人识别号、填表日期等。按照报表填写顺序，依次填写各类纳税申报表，直至完成所有报表填列。相关操作界面如图4-4所示。

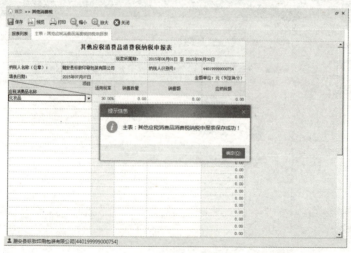

图4-4 其他应税消费品消费税纳税申报表

三、申报表发送

申报表填写完成后，处于"未申报"状态。选中需要发送的申报表，单击【申报表发送】，确认对话框中本次申报税额金额，并单击【确定】保存，系统提示"申报成功"。相关操作界面如图 4-5 所示。

图 4-5 【申报表发送】界面

四、网上缴税

单击【申报结果查询】显示申报成功信息后，单击【网上缴税】并确认缴税信息。相关操作界面如图 4-6 所示。

图 4-6 【网上缴税】界面

第三节 消费税纳税申报实训案例

一、烟类消费税申报实训案例

(一)实训案例资料

(1)甲公司(增值税一般纳税人)主营烟类产品的生产销售,2017 年 1 月的基础信息如下:期初库存外购烟丝买价 50 万元,当期购进烟丝买价 120 万元,期末库存外购烟丝买价 40 万元。

(2)1 月生产销售情况(表 4-2)。

表 4-2 1 月生产销售情况汇总统计表

商品名称	产量(万支)	单价(不含增值税)(元/条)	销量(条)	销售额(不含增值税)(元)
卷烟 A	30	350	1 500	525 000
卷烟 B	98	65	4 900	318 500

注:1 万支烟=50 条烟。

(3)2017 年 1 月的期初未缴税额 7 983.50 元，在本期补缴。

根据以上案例资料，将纳税申报表填写完整保存，在"发送报表"中将保存成功的报表上报税务机关，并将已报送成功的报表打印留存备查。如当月申报有税款可申请网上扣缴。

(二)实训案例分析

$$本期消费税应纳税额 = (525\ 000 \times 56\% + 300\ 000 \times 0.003) + (318\ 500 \times 36\% +$$
$$980\ 000 \times 0.003) = 412\ 500(元)$$

该公司主营烟类产品的生产销售，属于生产应税消费品。外购已税烟丝生产的卷烟，外购的烟丝已纳税额，属于允许扣税的项目。扣税计算公式如下：

$$本期准予扣除税额 = (500\ 000 + 1\ 200\ 000 - 400\ 000) \times 30\% = 390\ 000(元)$$
$$本期应缴税额 = 412\ 500 - 390\ 000 = 22\ 500(元)$$

根据案例资料，在适当的纳税期间依次填列附表一、附表二、附表三和主表，进行网上申报并缴纳 22 500 元税款。

【知识链接】

当期准予扣除的外购应税消费品已纳税款 = 当期准予扣除的外购应税消费品(当期生产领用数量)买价 × 外购应税消费品适用税率

当期准予扣除的外购应税消费品买价 = 期初库存的外购应税消费品买价 + 当期购进的应税消费品买价 - 期末库存的外购应税消费品的买价(买价是指发票上的销售额，不包括增值税税额)

(三)实训操作过程

1. 登录税务实训平台

单击【消费税】进入模块，选择【烟类消费税网上申报实训系统】，将税款所属期修改为【2017 年 1 月】，具体操作界面如图 4-7 所示。

2. 申报表填写

(1)单击【申报表填写】进入界面，先填附表，后填主表。单击【附表一：本期准予扣除税额计算表】，根据案例资料填写附表一项目。其中，期初库存外购烟丝买价 500 000元，当期购进烟丝买价 1 200 000 元，期末库存外购烟丝买价 400 000 元，系统自动计算生成当期准予扣除的外购烟丝已纳税款为 390 000 元。填写完成后，单击【保存】【关闭】。即使本期未发生准予扣除税额的相关业务，也需打开报表进行空表保存，具体操作界面如图 4-8、图 4-9 所示。

图 4-7 【烟类消费税网上申报实训系统】界面

图 4-8 【申报表列表】界面

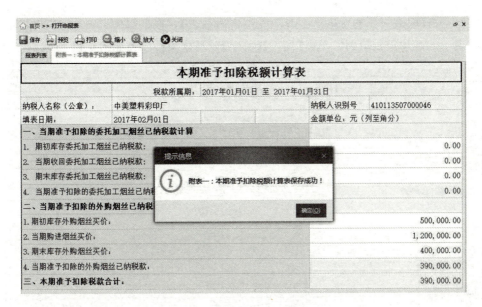

图 4-9　【附表一：本期准予扣除税额计算表】界面

（2）单击【附表二：本期代收代缴税额计算表】，因本期未发生相关业务，只需打开本表，然后单击【保存】【关闭】即可，具体操作界面如图 4-10 所示。

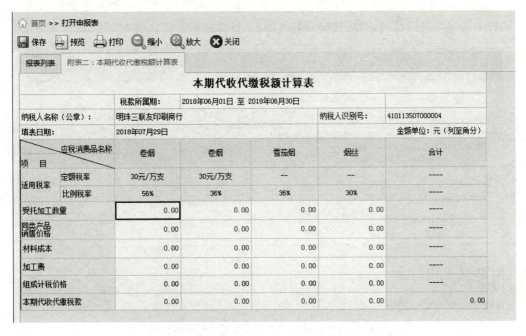

图 4-10　【附表二：本期代收代缴税额计算表】界面

（3）单击【附表三：卷烟生产企业年度销售明细表】，根据案例资料中本月生产销售情况（表4-2）逐项进行填列，单击【保存】【关闭】，具体操作界面如图4-11所示。

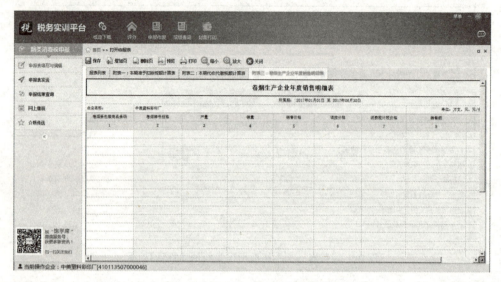

图 4-11　【附表三：卷烟生产企业年度销售明细表】界面

（4）单击【各牌号规格卷烟消费税计税价格】，根据案例资料中本月生产销售情况（见表4-2）逐项进行填列，单击【保存】【关闭】，具体操作界面如图4-12所示。

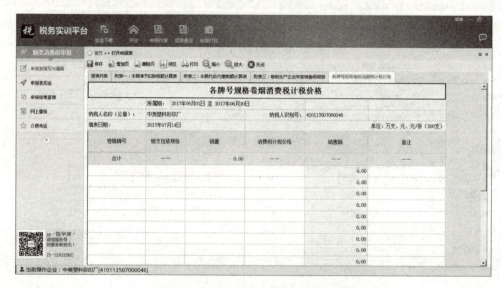

图 4-12　【各牌号规格卷烟消费税计税价格】界面

(5)单击【本期减(免)税额明细表】，单击【保存】【关闭】，相关操作界面如图 4-13 所示。如果本期发生业务中涉及减(免)税项目，则根据有关资料进行填列，最终单击【保存】【关闭】。

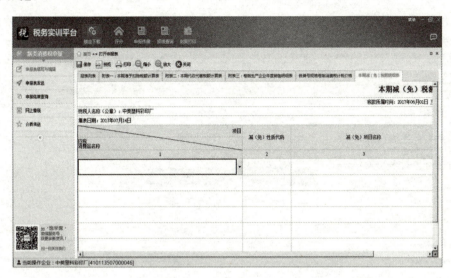

（a）

（b）

图 4-13　【本期减(免)税额明细表】界面

（6）附表填列完成，打开主表。单击【主表：烟类应税消费品消费税纳税申报表】——【填写】进入，根据资料填写申报表主表。填写完成后，单击【保存】，出现"应补退税额确认"对话框，核对金额，单击【确定】。相关操作界面如图 4-14 所示。

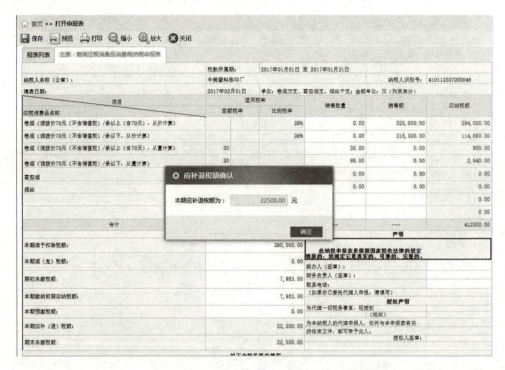

图 4-14 【主表：烟类应税消费品消费税纳税申报表】界面

3. 申报表发送

申报表填写完成，单击【申报表发送】进入界面，选择所要发送的申报表，单击【申报表发送】，出现"申报成功"提示信息，单击【确定】完成申报表发送。相关操作界面如图 4-15 所示。

4. 网上缴税

单击【网上缴税】，出现"缴税信息"，核对金额后，单击【缴税】，显示"缴税完成"，再单击【确定】，相关操作界面如图 4-16 所示。

图 4-15　【申报表发送】界面

图 4-16　【网上缴税】界面

5. 评分

单击【评分】，选择对应案例，单击【确定】，显示本次实训得分，相关操作界面如图 4-17、图 4-18 所示。

图 4-17 【选择评分教案】界面

图 4-18 【评分结果提示】界面

二、小汽车消费税申报实训案例

(一)实训案例资料

东风汽车厂(增值税一般纳税人)主营小汽车的生产与销售,且落实"零库存"生产销售经营策略,生产数量与销售数量一致。

1. 2016 年 4 月,东风汽车厂的经营业务

(1)向人民出租汽车公司售出 25 辆经典乘用车(气缸 2.21 L),开出的增值税专用发票上注明不含增值税的销售价格为 120 000 元/辆,增值税税额为 510 000 元。

(2)向南方车业经销公司售出 10 辆商务小轿车(气缸 1.76 L),开出的增值税专用发票上注明不含增值税的销售价格为 80 000 元/辆,增值税税额为 136 000 元。

(3)向浙江蓝天客运公司售出 2 辆自产中轻型商用客车,开出的增值税专用发票上注明不含增值税的销售价格为 102 000 元/辆,增值税税额为 34 680 元。

(4)将委托万能汽车制造公司加工的 3 辆迷你轿车(气缸 0.9 L)收回并直接销售给南方车业经销公司,单位成本 41 000 元,不含增值税的销售价格为 50 200 元/辆。

2. 2016 年 4 月,东风汽车厂的其他涉税信息

(1)将 1 辆自产乘用车移送厂长室给厂长使用,该同类乘用车不含增值税的销售价格为 180 000 元,生产成本为 140 000 元。

(2)2016 年 3 月期末未缴税额 205 132.00 元,于本期申报缴纳。

根据以上案例资料,将纳税申报表填写完整保存,在"发送报表"中将保存成功的报表上报税务机关,并将已报送成功的报表打印留存备查。如当月申报有税款可申请网上扣缴。

(二)实训案例分析

东风汽车厂(增值税一般纳税人)主营小汽车的生产与销售,为消费税的纳税义务人。

2016 年 4 月东风汽车厂消费税应纳税额＝3 000 000×9％＋800 000×5％＋204 000×5％＋180 000×12％＝341 800(元)

(三)实训操作过程

根据案例资料,在适当的纳税期间填列纳税申报表(表 4-3),并进行申报缴税(实训操作过程参照烟类消费税申报实训案例)。

表 4-3 小汽车消费税纳税申报表

税款所属期：2016 年 4 月 1 日至 2016 年 4 月 30 日

纳税人名称(公章)：东风汽车厂   纳税人识别号：330 109 719 575 923

填表日期：2016 年 5 月 10 日   单位：辆、元(列至角分)

项目 应税消费品名称		适用税率	销售数量	销售额	应纳税额
乘用车	气缸容量≤1.0 升	1%			
	1.0 升<气缸容量≤1.5 升	3%			
	1.5 升<气缸容量≤2.0 升	5%	10	800 000.00	40 000.00
	2.0 升<气缸容量≤2.5 升	9%	25	3 000 000.00	270 000.00
	2.5 升<气缸容量≤3.0 升	12%	1	180 000.00	21 600.00
	3.0 升<气缸容量≤4.0 升	25%			
	气缸容量>4.0 升	40%			
中轻型商用客车		5%	2	204 000.00	10 200.00
合 计		——		——	341 800.00

		声明
本期准予扣除税额：		此纳税申报表是根据国家税收法律的规定填报的，我确定它是真实的、可靠的、完整的。
本期减(免)税额：		
期初未缴税额：	205 132.00	经办人(签章)： 财务负责人(签章)： 联系电话：
本期缴纳前期应纳税额：	205 132.00	(如果你已委托代理人申报，请填写)授权声明：为代理一切税务事宜，现授权(地址)
本期预缴税额：		
本期应补(退)税额：	341 800.00	本纳税人的代理申报人，任何与本申报表有关的往来文件，都可寄予此人。
期末未缴税额：	341 800.00	授权人签章：

以下由税务机关填写

受理人(签章)：   受理日期：   年 月 日   受理税务机关(章)：

三、成品油消费税申报实训案例

(一)实训案例资料

1. 中国石化公司 2016 年 4 月销售业务

(1)2016 年 4 月 11 日，售出 90♯汽油 66 830.00 升，单价 6.89 元/升，不含增值税的销售额为 418 158.70 元。

(2)2016 年 4 月 23 日，售出 93♯汽油 9 655 122.00 升，单价 7.11 元/升，不含增值税的销售额为 68 647 917.42 元。

(3)2016 年 4 月 27 日，售出 97♯汽油 2 519 418.00 升，单价 7.57 元/升，不含增值税的销售额为 19 071 994.26 元。

2. 中国石化公司的其他涉税业务及信息数据

(1)中国石化公司与桥南柴油经销公司长期合作，4 月 6 日完成一笔 1 000 000 升的柴油购入，并于 6 日当天全部领用，用于连续生产。

(2)2016 年 4 月期初留抵的消费税税额：986 357.19 元。

根据以上案例资料，将纳税申报表填写完整保存，在"发送报表"中将保存成功的报表上报税务机关，并将已报送成功的报表打印留存备查。如当月申报有税款可申请网上扣缴。

(二)实训案例分析

中国石化公司销售应税消费品应纳消费税额＝606 830×1.52＋9 655 122×1.52＋2 519 418×1.52＝19 427 682.4(元)

购入柴油用于连续生产准予扣除税额＝1 000 000×1.2＝1 200 000(元)

期初留抵税额＝986 357.19(元)

本期应补(退)税额＝19 427 682.4－986 357.19－1 200 000＝17 241 325.21(元)

(三)实训操作过程

根据案例资料，在适当的纳税期间依次填列纳税申报表，其余附表打开并单击【保存】。申报表填写完成后，进行网上申报缴税(实训操作过程参照烟类消费税申报实训案例)。

【本章小结】

消费税是对在中国境内从事生产和进口税法规定的应税消费品的单位和个人征收

的一种流转税，是对特定的消费品和消费行为在特定环节征收的一种间接税。共 15 个税目，应纳税额的计算实行从价定率、从量定额，或者从价定率和从量定额并用的复合计税方法来计算。纳税期限分别为 1 日、3 日、5 日、10 日、15 日、1 个月或者 1 个季度。

消费税网上申报实训系统根据应税消费品的不同，分为七个纳税申报子系统。根据应税消费品税目的不同，需要填写不同的消费税纳税申报表。但各个税目的纳税申报流程基本一致，依次是：系统登录、申报表填写、申报表发送、网上缴税。操作完成后，进行系统评分。

【练习题】

1. 宏远集团公司为增值税一般纳税人，主要经营业商品零售、销售各类酒及酒精制品。2016 年 5 月发生如下经济业务：

(1)销售瓶装粮食白酒 20 000 斤，开具增值税专用发票，含税销售收入 39.78 万元。

(2)销售散装薯类白酒 20 000 斤，开具增值税普通发票，含税销售收入 24.57 万元。

(3)将一批 10 000 斤的红酒发给职工作为福利，该产品市场售价为 2 万元(不含增值税)，实际成本为 1.4 万元。

(4)2016 年 4 月纳税申报主表(表 4-4)。

表 4-4　酒及酒精消费税纳税申报表

税款所属期：2016 年 4 月 1 日至 2016 年 4 月 30 日

纳税人名称(公章)：宏远集团公司　　　　纳税人识别号：330 121 196 908 181 235

填表日期：2016 年 5 月 9 日　　　　金额单位：元(列至角分)

项目 应税消费品名称	适用税率		销售数量	销售额	应纳税额
	定额税率	比例税率			
粮食白酒	0.5 元/斤	20%			
薯类白酒	0.5 元/斤	20%			
啤酒	250 元/吨	—			
啤酒	220 元/吨	—			
黄酒	240 元/吨	—			
其他酒	—	10%	956.00	1 695 803.10	169 580.31
合计	—	—	—		169 580.31

续表

项目 应税消费品名称	适用税率		销售数量	销售额	应纳税额
	定额税率	比例税率			
					声明
本期准予抵减税额：	26 916.59				此纳税申报表是根据国家税收法律的规定填报的，我确定它是真实的、可靠的、完整的。
本期减(免)税额：					经办人(签章)：
期初未缴税额：	105 276.26				财务负责人(签章)： 联系电话：
本期缴纳前期应纳税额：	105 276.26				(如果你已委托代理人申报，请填写)
本期预缴税额：					授权声明 为代理一切税务事宜，现授权
本期应补(退)税额：	169 580.31				(地址)为本纳税人的代理申报人，任何与本申报表有关的往来文件，都可寄予此人。
期末未缴税额：	169 580.31				授权人签章：

以下由税务机关填写

受理人(签章)：　　　　受理日期：　　年　月　日　　　　受理税务机关(章)：

　　根据以上案例资料，将纳税申报表填写完整保存后，在"发送报表"中将已经保存成功的报表上报税务机关，通过"申报查询"功能将已报送成功的报表打印出来留存备查。企业如当月申报有税款的可通过"网上缴税"申请网上扣缴税款。

　　2. A卷烟批发企业系增值税一般纳税人，主营业务为：卷烟批发，税务机关为其核定的纳税期限为1个月。

　　该厂2016年5月未缴的消费税230 000.00元在本月补缴。

　　2016年6月13日以直接收款方式销售卷烟50标准箱，即12 500条(250万支)烟。开具增值税普通发票，每条含税售价120元(见表4-5)。

表4-5　卷烟销售明细表

条码	规格	类别	类型	销售价格	销量	含税销售额
1234567890123	卷烟001	一类卷烟	国产卷烟	120元/条	250万支	150万元

请根据以上资料计算卷烟批发企业 2015 年 6 月应纳消费税税额并完成卷烟消费税纳税申报表(批发)纳税申报工作。

3. 衡信电源有限公司为增值税一般纳税人,主要从事锂电池、磷酸亚铁锂电池等电池生产销售业务。2016 年 6 月,生产销售的电池业务情况如下:

(1)6 月 12 日,向浙江电子产品检验所销售一批自主生产的原电池,取得不含税收入 58 267 元(其中,无汞原电池 19 975 元,锂原电池 14 352 元)。

(2)6 月 20 日,向杭州万达文化有限公司销售一批自主生产的太阳能电池,取得不含税收入 19 981 元。

(3)6 月 24 日,向上海湘中印刷有限公司销售一批自主生产的燃料电池,取得不含税收入 29 795 元。

根据以上案例资料,将纳税申报表填写完整保存后,在"发送报表"中将已经保存成功的报表上报税务机关,通过"申报查询"功能将已报送成功的报表打印出来留存备查。企业如当月申报有税款的可通过"网上缴税"申请网上扣缴税款。

第五章　企业所得税纳税申报原理与实训

【学习目标】

1. 了解企业所得税纳税的申报原理；
2. 理解企业所得税纳税的申报流程；
3. 掌握企业所得税纳税申报表及附表的填制。

第一节　企业所得税纳税原理

一、纳税义务人

在中华人民共和国境内的企业和其他取得收入的组织（以下统称为"企业"）为企业所得税的纳税人。个人独资企业、合伙企业不适用企业所得税法。

缴纳企业所得税的企业分为居民企业和非居民企业，分别承担不同的纳税义务。居民企业是指依法在中国境内成立，或者依照外国（地区）法律成立但实际管理机构在中国境内的企业。非居民企业是指依照外国（地区）法律成立且实际管理机构不在中国境内的企业，但在中国境内设立机构、场所的，或者在中国境内未设立机构、场所，但有来源于中国境内所得的企业。

二、征税对象

企业所得税的征税对象从内容上看包括企业的生产经营所得，其他所得和清算，从空间范围上看包括来源于中国境内的所得和境外的所得。

居民企业应当就其来源于中国境内、境外的所得缴纳企业所得税；非居民企业在中国境内设立机构、场所的，应当就其所设机构、场所取得的来源于中国境内的所得，以及发生在中国境外但与其所设机构、场所有实际联系的所得，缴纳企业所得税；非居民企业在中国境内未设立机构、场所的，或者虽设立机构场所、但取得的所得与其所设机构、场所没有实际联系的，应当就其来源于中国境内的所得缴纳企业所得税。

三、税率

企业所得税的纳税人类型不同，适用的税率也不同。具体介绍见表5-1。

表 5-1　不同纳税人适用的税率

纳税人			税收管辖权	税率
居民企业			居民管辖权，就其世界范围的所得征税	基本税率25%
非居民企业	在我国境内设立机构场所	取得所得与设立机构、场所有实际联系的	地域管辖权	就其来源于我国境内的所得和发生在中国境外但与其在我国境内所设机构、场所有实际联系的所得征税	低税率20%（减按10%）
		取得的所得与设立机构、场所没有实际联系的		就其来源于中国境内的所得征税	
	未在我国境内设立机构、场所，却有来源于中国境内的所得				

四、企业所得税应纳税额的计算

企业所得税应纳税额的计算是根据应纳税所得额乘适用税率计算得来。应纳税所得额是企业每一个纳税年度的收入总额，减去不征税收入、免税收入、各项扣除，以及允许弥补以前年度亏损后的余额。间接计算法的应纳税所得额计算公式：

应纳税所得额＝会计利润总额－境外所得±纳税调整项目金额－免税、减计收入及加计扣除－境外应税所得递减境内亏损－所得减免－抵扣应纳税所得额－弥补以前年度亏损

应纳税额＝应纳税所得额×25％－减免所得税额－抵免所得税额

其中常见纳税调整项目见表5-2。

表 5-2　纳税调整项目

类别	项目
收入类调整项目	企业未确认为收入的视同销售收入
	未按权责发生制原则确认的收入
	被投资单位已宣告但未实际发放的股息红利等投资收益
	按权益法核算长期股权投资对初始投资成本调整时确认的收益
	交易性金融资产初始投资调整
	公允价值变动损益

续表

类别	项目
收入类调整项目	不征税收入
	销售折让、折扣、退回
扣除类调整项目	视同销售成本
	职工薪酬
	业务招待费支出
	广告费与业务宣传费支出
	捐赠支出
	利息支出
	罚金、罚款及没收财物的损失
	税收滞纳金、加计利息
	赞助支出
	与未确认融资收益相关的在当期确认的财务费用
	佣金和手续费支出
	不征税收入用于支出所形成的费用
	与取得收入无关的支出
资产类调整项目	资产折旧、摊销
	资产减值准备
	资产损失
特殊事项调整项目	企业重组
	政策性搬迁
	特殊行业准备金

常见免税、减计收入及加计扣除项目见表 5-3。

表 5-3 免税、减计收入及加计扣除项目

类别	项目
免税收入	国债利息收入
	符合条件的居民企业之间的股息、红利等权益性投资收益
	符合条件的非营利组织的收入

续表

类别	项目
减计收入	综合利用资源生产产品取得的收入
	金融保险等机构取得的涉农利息、保费收入
	取得的中国铁路建设利息收入
加计扣除	开发新技术、新产品、新工艺发生的研究开发费用
	安置残疾人员及国家鼓励安置的其他就业人员所支付的工资

常见的企业所得减免项目见表5-4。

表5-4 企业所得减免项目

项目	优惠政策
企业从事农林牧渔业项目的所得	免征企业所得税
企业从事国家重点扶持的公共基础设施项目投资经营的所得	三免三减半
企业从事符合条件的环境保护、节能节水项目的所得	三免三减半
企业符合条件的技术转让所得	年度不超过500万的部分免征企业所得税，超过500万元的部分减半征收企业所得税

常见的企业所得税减免企业及抵免项目见表5-5。

表5-5 企业所得税减免企业及抵免项目

类别	企业类别、项目	优惠政策
企业所得税减免企业	国家需要重点扶持的高新技术企业	减按15%的税率征收企业所得税
	符合条件的小型微利企业	减按20%的税率征收企业所得税
	对设在系部地区国家鼓励类产业企业，在2011年1月1日至2020年12月31日	减按15%的税率征收企业所得税
企业所得税抵免项目	企业购置并实际使用规定的环境保护、节能节水、安全生产等专用设备的投资额	按设备投资额的10%实行税额抵免

五、企业所得税征收方式

企业所得所得税征收方式主要查账征收和核定征收。征收方式由税务局根据企业会计机构和会计核算是否健全决定。如果账证俱全，能够准确核算收入、成本、费用，并按期履行纳税申报义务，则应当按照查账征收方式征收企业所得税。反之，则应采用应税所得率方式核定征收企业所得税的，应纳所得税额计算公式如下：

$$应纳所得税额＝应纳税所得额×适用税率$$

$$应纳税所得额＝应税收入额×应税所得率$$

或　　　　$$应纳税所得额＝成本（费用）支出额／（1－应税所得率）×应税所得率$$

六、纳税期限

企业所得税按年计征，分月或者分季度预缴，年终汇算清缴，多退少补。按月或者按季预缴的，应当月份或者季度终了之日起 15 日内，向税务机关报送预缴企业所得税纳税申报表，预缴税款。企业在纳税年度内无论盈利或者亏损，都应当依照《企业所得税法》第 54 条规定的期限，向税务机关报送预缴企业所得税纳税申报表、年度企业所得税申报表、财务会计报告和税务机关规定应当报送的其他有关资料。

第二节　企业所得税纳税申报流程

企业所得税征收方式主要分为查账征收和核定征收，二者申报流程不尽相同，其中企业所得税查账征收年度汇算清缴的申报方式较为复杂，本节则以查账征收年度汇算清缴为例来介绍企业所得税纳税申报流程。企业所得税纳税申报流程如图 5-1 所示。

图 5-1　企业所得税纳税申报流程

一、基础设置

基础设置包括纳税人信息、法定比例和预缴及结转信息，如图 5-2 所示。纳税人信息表为必填表，主要反映纳税人的基本信息，包括纳税人基本信息、主要会计政策、股东结构和对外投资情况等。此表为后续申报奠定基础。

图 5-2 【基础设置】界面

二、简化选表

目前企业所得税年度纳税申报表共有 43 张，如图 5-3 所示。纳税人可以根据自己情况选择需录入的表单。纳税人可以将自身业务不涉及的表单的填报情况设置为不填报。如果此时没有确定是否填报，可保存默认值，等填报后期再返回修改。

图 5-3 【简化选表】界面

三、申报表填写

中华人民共和国企业所得税年度纳税申报表是企业所得税申报的主表，其中一部分数据单独填写，但多数数据由其他附表生成，因此，建议先填制其他附表，根据附表生成部分数据后，再根据企业其他数据资料逐个填入空白处。申报表填写程序如图 5-4 所示。

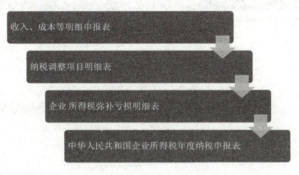

图 5-4 【申报表填写程序】界面

四、申报检查

申报表填写完毕后及申报表发送之前需单击【税收遵从风险提示】，如图 5-5 所示，进入界面后单击【检查】，检查所有表格是否填写完整，表内表间数据逻辑关系是否正确以及某项业务填写是否正确等，若未通过校验则不能发送申报表。

图 5-5 【税收遵从风险提示】界面

五、报表发送

所有报表填写准确完整并通过风险校验后，选择需要发送的申报表，即可单击【申报表发送】按钮，如图 5-6 所示。

图 5-6 【申报表发送】界面

第三节 企业所得税纳税申报实训案例

一、实训案例资料

衡信教育科技有限公司，成立于 2012 年 1 月 15 日，属于增值税一般纳税人，税务机关核定的企业所得税征收方式为查账征收，按照实际利润预缴方式预缴企业所得税。非汇总企业，无分支结构。

公司主要从事软件开发、服务、培训等业务，2012 年 6 月 11 日，获得软件企业资格(证书号：浙-GY-2012-0831)，公司 A 软件产品的软件产品登记证号为浙-DG-2012-4601。公司自获得软件企业资格当年起享受企业所得税"两免三减半"的优惠政策。

公司总人数 535 人，皆为大专以上学历，其中研究开发人员 343 人。

股东信息：周凯(中国国籍，身份证 330101196011120101)投资比例 60%；李雅欣

（中国国籍，身份证 330101196505065233）投资比例 40％。

公司适用的所得税税率为 25 减半征收。

会计主管：方易元

适用的会计准则：企业会计准则（一般企业）

会计档案存放地：浙江省杭州市

会计核算软件：用友

记账本位币：人民币

会计政策和估计是否发生变化：否

固定资产折旧方法：年限平均法

存货成本计价方法：先进先出法

坏账损失核算方法：备抵法

所得税计算方法：资产负债表债务法（企业会计准则要求对企业所得税采用资产负债表债务法进行核算）

按税收规定比例扣除的职工教育经费 2.5％、广告费和业务宣传费 15％

实训假定 2017 年 5 月 25 日进行所得税汇算清缴，已经预缴所得税额 300 000.00 元，相关资料如表 5-6 所示。

表 5-6　衡信教育科技有限公司 2016 年度利润表

利润表

编制单位：衡信教育科技有限公司　　　2016 年 12 月 31 日　　　单位：元

项　目	行次	本年累计数
一、主营业务收入	1	75 238 200.00
减：主营业务成本	2	46 396 500.00
主营业务税金及附加	3	6 253 200.00
销售费用	4	7 135 000.00
管理费用	5	10 840 080.00
财务费用	6	−240 000.00
资产减值损失	7	7 200.00
加：公允价值变动损益（亏损以"−"填列）	8	0.00
投资收益（亏损以"−"填列）	9	500 000.00
其中：对联营企业和合营企业的投资收益	10	0.00

续表

项　目	行次	本年累计数
二、营业利润（亏损以"－"填列）	11	5 346 220.00
加：营业外收入	12	525 000.00
减：营业外支出	13	426 500.00
三、利润总额（亏损以"－"填列）	14	5 444 720.00
减：所得税费用	15	550 372.25
四、净利润（净亏损以"－"填列）	16	4 894 347.75
五、每股收益	17	
（一）基本每股收益	18	
（二）稀释每股收益	19	

2016年年度报表资料如下：

(1)2016年产品销售收入与成本如下：

①销售商品产品收入65 190 000.00元，销售成本40 696 500.00元；（其中：软件产品开发销售收入55 000 000.00元，软件产品自主开发销售收入45 000 000.00元）

②提供劳务收入10 048 200.00元，相应成本5 700 000.00元。

(2)库存商品100 000.00元，作为福利发放给员工，商品的市场售价为120 000.00元，按税法规定公司已经按视同销售处理。

(3)处置固定资产获得营业外收入25 000.00元。

(4)自主研发项目获得政府资金资助500 000.00元，但公司没有单独核算收入与支出。入账"营业外收入－政府补助"。

(5)营业外支出明细：

①工商罚款60 000.00元、税收滞纳金30 000.00元；

②通过红十字会向灾区捐赠现金150 000.00元；通过C公司向贫困地区捐赠物资100 000.00元；

③其他86 500.00元。

(6)期间费用明细如表5-7所示。

表 5-7　衡信教育科技有限公司 2016 年度期间费用　　　　　　　单位：元

费用项目	销售费用	管理费用	财务费用
工资薪金	2 500 000.00	1 877 300.00	
咨询顾问费		500 000.00	
业务招待费	1 320 000.00		
折旧费	15 000.00	23 300.00	
办公费		1 179 480.00	
房租费		650 000.00	
差旅费	3 300 000.00	600 000.00	
邮寄费		80 000.00	
费用化税金		50 000.00	
研发费用		5 000 000.00	
利息支出			−240 000.00
其他费用		880 000.00	

（7）投资 A 企业（非上市公司）500 000.00 元，占股 25％，2015 年 10 月 23 日 A 公司公布利润分配决定，衡信教育科技有限公司获得股利 500 000.00 元。

（8）2016 年度公司会计归集入账"B 软件研发项目"费用化研发投入 5 000 000.00 元，其中：直接材料 200 000.00 元、人员费用 4 254 700.00 元，固定资产折旧费 120 000.00 元、无形资产摊销费用 375 300.00 元、产品鉴定成果认证评审费 50 000.00 元。该项目研发费用都为国内发生的研究开发。

（9）固定资产净残值为 5％，与生产经营有关的器具工具家具按 5 年计提折旧、电子设备按 3 年计提折旧，折旧采用平均年限法，无形资产按 10 年摊销，会计与税法无差异，资产明细如表 5-8 所示。

表 5-8　衡信教育科技有限公司 2016 年度资产折旧摊销额　　　　　单位：元

资产	资产原值	本年折旧	累计折旧
与生产经营有关的器具工具家具	833 157.89	158 300.00	728 180.00
电子设备	805 263.15	255 000.00	756 700.00
无形资产（专利权）	3 753 000.00	375 300.00	1 726 380.00

（10）公司以余额百分比法计提坏账准备，计提比例为 5％，2015 年期末应收账款

余额为 864 000.00 元，其他应收款余额为 520 000.00 元，2015 年期初应收账款坏账准备余额为 32 000.00 元，其他应收款坏账准备余额为 30 000.00 元。

(11)2016 年度公司发放工资 8 632 000.00 元，发生职工福利费用支出 1 349 300.00 元，职工教育经费支出 210 000.00 元；计提工会经费 172 640.00 元、上缴工会组织的工会经费 103 500.00 元，基本社会保险支出 300 000.00 元、住房公积金支出 200 000.00 元。

(12)白条、收据入账费用 253 600.00 元。

(13)公司近 3 年盈利及亏损情况如表 5-9 所示。

表 5-9　衡信教育科技有限公司 2013—2015 年盈利及亏损额　　　　　单位：元

年度	盈利额或亏损额	备注
2013	459 600.00	
2014	106900.00	
2015	1 250 300.00	

二、实训案例分析

"一般企业收入明细表(A101010)"可依据资料(1)(3)(4)直接填报。

"一般企业成本支出明细表(A102010)"可依据资料(1)(5)直接填报。

"期间费用明细表(A104000)"可依据资料(6)直接填报。

"视同销售和房地产开发企业特定业务纳税调整明细表(A105010)"可依据资料(2)填报，该项业务在发生时企业未确认主营业务收入和主营业务成本，所以此时应调增企业收入及对应成本，其中，企业视同销售收入 120 000.00 元，视同销售成本 100 000.00 元。

"职工薪酬纳税调整明细表(A105050)"可依据资料(11)填报，其中，职工福利费支出账载金额 1 349 300.00 元，税收金额为 8 632 000.00×14％＝1 208 480.00(元)，超支 140 820.00 元，因此纳税调增 140 820.00 元。

职工教育经费支出账载金额 210 000.00 元，本公司税收可抵扣比例为 2.5％，8 632 000.00×2.5％＝215 800.00(元)，账载金额 210 000.00 元小于税收法定金额 215 800.00 元，按照税法规定以实际发生额为税收可抵扣金额，因此税收金额为 210 000.00 元。

工会经费支出账载金额为 172 640.00 元，本公司税收可抵扣比例为 2％，863 200×2％＝172 640 元，但税法还规定要以实际支付的金额为税收可抵扣金额，以取得的合法的工会统一收据为依据。因此，税收金额为 103 500.00 元。

基本社会保险和住房公积金账载金额与税收金额一致。

"捐赠支出纳税调整明细表(A105070)"可依据资料(5)填报,红十字会为公益性社会团体,本公司所捐赠的 150 000.00 元为公益性捐赠,在纳税时准予扣除。通过 C 公司向贫困地区捐赠的 100 000.00 元不符合公益事业捐赠的规定,确认为非公益性捐赠,在纳税时不能扣除。企业通过公益性社会团体或者县级以上人民政府及其部门,用于公益事业的捐赠支出,在年度利润总额 12% 以内的部分,准予在计算应纳税所得额时扣除,按税收规定计算的扣除限额 = 5 444 720 × 12% = 653 366.40(元),所以,企业应调增应纳税所得额 100 000.00 元。

"资产折旧、摊销情况及纳税调整明细表(A105080)"可依据资料(9)直接填报,但会计与税法无差异,因此账载金额与税收金额一致。

"纳税调整项目明细表(A105000)"可依据资料(5)(6)(12)填报,"纳税调整项目明细表"部分数据自动取自其他申报表,业务招待费支出填列与生产经营活动有关的业务招待费支出,其计算基础是"当年销售(营业)收入"。

"当年销售(营业)收入" = 主营业务收入 + 视同销售收入 = 75 238 200 + 120 000
                     = 75 358 200(元)

业务招待费支出的税收金额 = 75 358 200 × 5‰ = 376 791(元),因此纳税调增 943 209.00 元。

利息支出无资料显示可以免税,因此账载金额与税收金额一致。

罚金、罚款和被没收财产的损失与税收滞纳金、加收利息不得税前扣除,因此税收金额均为 0 元。白条、收据入账费用不符合我国目前可抵扣的费用条件,可填入"其他"项目。

资产减值准备金账载金额 = (864 000 + 520 000) × 5% - (32 000 + 30 000) = 7 200 元,但资产减值在未确实发生之前不得税前扣除,因此,税收金额为 0 元。

"符合条件的居民企业的股息、红利等权益性投资收益优惠明细表(A107011)"可依据资料(7)直接填报。

"研发费用加计扣除优惠明细表(A107014)"可依据资料(8)填报,企业开展研发活动中实际发生的研发费用可加计扣除 50%。

三、实训操作过程

(一)登录税务实训平台

单击【企税】,再单击【企税查账汇算清缴实训系统】后,修改税款所属期为"2016

年"，征收方式为"查账征收"，具体操作界面如图 5-7、图 5-8 所示。

图 5-7　【企税查账汇算清缴实训系统】界面

图 5-8　【税款所属期及征收方式】界面

（二）基础设置

1. 纳税人信息的填制

"纳税人信息表"为必填表，主要反映纳税人的基本信息，包括纳税人基本信息、主要会计政策、股东结构和对外投资情况等。纳税人填报申报表时，首先填此表，为后续申报提供指引。

单击【基础设置】，再单击【纳税人信息】，根据案例资料填制"纳税人信息表"。填写完毕后单击【保存】。弹出"确认信息"对话框，单击【确定】后弹出"提示信息"界面，单击【确定】，相关操作界面如图 5-9、图 5-10 所示。

图 5-9　【基础设置】界面

纳税人信息		
保存	本页面置灰数据项从核定取数，不允许修改，如果需要修改请到网上办税服务厅	

纳税人信息

基本信息			
汇总纳税企业	是（总机构☐　按比例缴纳总机构☐）否☑		
是否就地汇总纳税	是（按税率缴纳☐　　%　按比例缴纳☐　　%）否☑		
注册资本（万元）	5000.0000	境外中资控股居民企业	是☐　否☑
所属行业明细代码	6510|软件开发	从事国家限制或禁止行业	是☐　否☑
从业人数	535	是否安置残疾人员	是☐　否☑
是否有国家鼓励安置的其他就业人员	是☐　否☑	存在境外关联交易	是☐　否☑
资产总额（万元）	10000.00	上市公司	是（境内☐　境外☐）否☑
代理申报经办人	无	代理申报经办人执业证件号码	无
税务登记日期	2012-01-15		

（a）

主要会计政策和估计

适用的会计准则或会计制度	企业会计准则(一般企业 ☑ 银行□ 证券□ 保险□ 担保□) 小企业会计准则 □ 企业会计制度 □ 事业单位会计准则(事业单位会计制度□ 科学事业单位会计制度□ 医院会计制度□ 　　　　　　　　　高等学校会计制度□ 中小学会计制度□ 彩票机构会计制度□) 民间非盈利组织会计制度□ 村集体经济组织会计制度□ 农民专业合作社财务会计制度(试行) □ 其他□

会计档案的存放地	浙江杭州	会计核算软件	用友
记账本位币	人民币☑ 其他□	会计政策和估计 是否发生变化	是□ 否☑
固定资产折旧方法	年限平均法☑ 工作量法□ 双倍余额递减法□ 年数总和法□ 其他□		
存货成本计价方法	先进先出法☑ 移动加权平均法□ 月末一次加权平均法□ 个别计价法□ 零售价法□ 计划成本法□ 毛利率法□ 其他□		
坏账损失核算方法	备抵法☑ 直接核销法□		
所得税计算方法	应付税款法☑ 资产负债表债务法□ 其他□		
特定企业类型	软件企业☑ 集成电路设计企业□	创业投资企业（含有限合伙制 创业投资企业法人合伙人） □	高新技术企业□
自收自支事业单位	是□ 否□	所属行业	工业□ 其他☑

（b）

企业主要股东及对外投资情况

企业主要股东(前5位)

股东名称	证件种类	证件号码	经济性质	投资比例	国籍(注册地址)
周凯	201|居民身份证	330101196011120101	430|个人	60.0000 %	156|中国
李雅欣	201|居民身份证	330101196505065233	430|个人	40.0000 %	156|中国
	- 请选择 -		- 请选择 -	%	- 请选择 -
	- 请选择 -		- 请选择 -	%	- 请选择 -
	- 请选择 -		- 请选择 -	%	- 请选择 -

对外投资(前5位)

被投资者名称	纳税人识别号	经济性质	投资比例	投资金额	注册地址
		- 请选择 -	%		
		- 请选择 -	%		
		- 请选择 -	%		
		- 请选择 -	%		
		- 请选择 -	%		

（c）

图 5-10　【纳税人信息】界面

填写完毕后单击【保存】。弹出"确认信息"对话框，单击【确定】后弹出"提示信息"界面，单击【确定】。相关操作界面如图 5-11、图 5-12 所示。

图 5-11 【确认信息】界面

图 5-12 【提示信息】界面

2. 法定比例的填制

单击【法定比例】，一般企业情况与系统默认内容一致，没有修改的内容，单击【保存】，相关操作界面如图 5-13 所示。

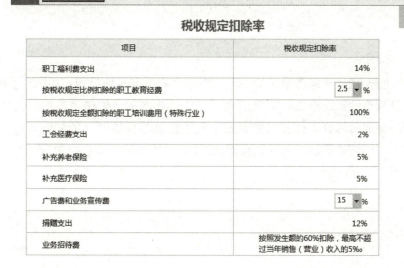

图 5-13 【法定比例】界面

3. 预缴及结转信息的填制

单击【预缴及结转信息】，根据资料中“已经预缴所得税额”的金额填入本年累计实际已预缴的所得税额，本企业其他事项无数据。单击【保存】，相关操作界面如图 5-14 所示。

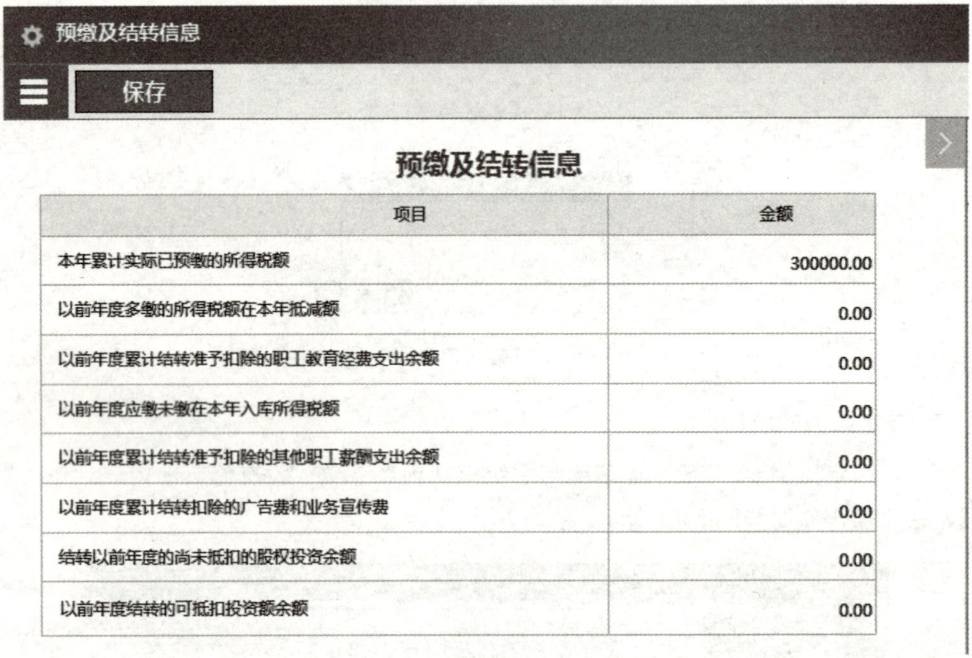

项目	金额
本年累计实际已预缴的所得税额	300000.00
以前年度多缴的所得税额在本年抵减额	0.00
以前年度累计结转准予扣除的职工教育经费支出余额	0.00
以前年度应缴未缴在本年入库所得税额	0.00
以前年度累计结转准予扣除的其他职工薪酬支出余额	0.00
以前年度累计结转扣除的广告费和业务宣传费	0.00
结转以前年度的尚未抵扣的股权投资余额	0.00
以前年度结转的可抵扣投资额余额	0.00

图 5-14 【预缴及结转信息】界面

(二)简化选表

单击【简化选表】，选择需录入的表单。将本企业不涉及的报表，如“企业重组纳税调整明细表”“政策性搬迁纳税调整明细表”“特殊行业准备金纳税调整明细表”“综合利用资源生产产品取得的收入优惠明细表”“金融、保险等机构取得的涉农利息、保费收入优惠明细表”和“境外所得税收抵免明细表”及其下属申报表等设置为“不填报”。相关操作界面如图 5-15 所示。

（a）

（b）

(c)

(d)

图 5-15 【简化选表】界面

（三）申报表填写

1. 一般企业收入明细表（A101010）

本表适用于执行除事业单位会计准则、非营利企业会计制度以外的其他国家统一会计制度的非金融居民纳税人填报。纳税人应根据国家统一会计制度的规定，填报"主营业务收入""其他业务收入"和"营业外收入"。

单击【申报表填写】【收入、成本】，选中"一般企业收入明细表"。根据资料(1)(3)(4)填制本表。填制完成后，单击【保存】。相关操作界面如图 5-16 所示。

保存	缩小	放大	打印	导出	计算器

A101010

一般企业收入明细表

行次	项　目	金　额
1	一、营业收入（2+9）	75,238,200.00
2	（一）主营业务收入（3+5+6+7+8）	75,238,200.00
3	1.销售商品收入	65,190,000.00
4	其中：非货币性资产交换收入	0.00
5	2.提供劳务收入	10,048,200.00
6	3.建造合同收入	0.00
7	4.让渡资产使用权收入	0.00
8	5.其他	0.00
9	（二）其他业务收入（10+12+13+14+15）	0.00
10	1.销售材料收入	0.00
11	其中：非货币性资产交换收入	0.00
12	2.出租固定资产收入	0.00
13	3.出租无形资产收入	0.00
14	4.出租包装物和商品收入	0.00
15	5.其他	0.00
16	二、营业外收入（17+18+19+20+21+22+23+24+25+26）	525,000.00
17	（一）非流动资产处置利得	25,000.00
18	（二）非货币性资产交换利得	0.00
19	（三）债务重组利得	0.00
20	（四）政府补助利得	500,000.00
21	（五）盘盈利得	0.00
22	（六）捐赠利得	0.00
23	（七）罚没利得	0.00
24	（八）确实无法偿付的应付款项	0.00
25	（九）汇兑收益	0.00
26	（十）其他	0.00

图 5-16 【一般企业收入明细表】界面

2. 一般企业成本支出明细表（A102010）

本表适用于执行除事业单位会计准则、非营利企业会计制度以外的其他国家统一会计制度的查账征收企业所得税非金融居民纳税人填报。纳税人应根据国家统一会计制度的规定，填报"主营业务成本""其他业务成本"和"营业外支出"。

单击【收入、成本】中的"一般企业成本支出明细表"。根据案例资料（1）、（5）填制本表，填制完成后，单击【保存】。相关操作界面如图5-17所示。

保存	缩小	放大	打印	导出	计算器

A102010

一般企业成本支出明细表

行次	项　　目	金　额
1	一、营业成本（2+9）	46,396,500.00
2	（一）主营业务成本（3+5+6+7+8）	46,396,500.00
3	1.销售商品成本	40,696,500.00
4	其中:非货币性资产交换成本	0.00
5	2.提供劳务成本	5,700,000.00
6	3.建造合同成本	0.00
7	4.让渡资产使用权成本	0.00
8	5.其他	0.00
9	（二）其他业务成本（10+12+13+14+15）	0.00
10	1.材料销售成本	0.00
11	其中:非货币性资产交换成本	0.00
12	2.出租固定资产成本	0.00
13	3.出租无形资产成本	0.00
14	4.包装物出租成本	0.00
15	5.其他	0.00
16	二、营业外支出（17+18+19+20+21+22+23+24+25+26）	426,500.00
17	（一）非流动资产处置损失	0.00
18	（二）非货币性资产交换损失	0.00
19	（三）债务重组损失	0.00
20	（四）非常损失	0.00
21	（五）捐赠支出	250,000.00
22	（六）赞助支出	0.00
23	（七）罚没支出	90,000.00
24	（八）坏账损失	0.00
25	（九）无法收回的债券股权投资损失	0.00
26	（十）其他	86,500.00

图5-17 【一般企业成本支出明细表】界面

3. 期间费用明细表(A104000)

本表适用于执行企业会计准则、小企业会计准则、企业会计制度、分行业会计制度的查账征收居民纳税人填报。单击【收入、成本】中的“期间费用明细表”。根据资料(6)填制本表，填制完成后，单击【保存】。相关操作界面如图 5-18 所示。

保存　缩小　放大　打印　导出　计算器

A104000

期间费用明细表

行次	项　目	销售费用	其中：境外支付	管理费用	其中：境外支付	财务费用	其中：境外支付
		1	2	3	4	5	6
1	一、职工薪酬	2,500,000.00	*	1,877,300.00	*	*	*
2	二、劳务费	0.00	0.00	0.00	0.00	*	*
3	三、咨询顾问费	0.00	0.00	500,000.00	0.00	*	*
4	四、业务招待费	1,320,000.00	*	0.00	*	*	*
5	五、广告费和业务宣传费	0.00	*	0.00	*	*	*
6	六、佣金和手续费	0.00	0.00	0.00	0.00	0.00	0.00
7	七、资产折旧摊销费	15,000.00	*	23,300.00	*	*	*
8	八、财产损耗、盘亏及毁损损失	0.00	*	0.00	*	*	*
9	九、办公费	0.00	*	1,179,480.00	*	*	*
10	十、董事会费	0.00	*	0.00	*	*	*
11	十一、租赁费	0.00	0.00	650,000.00	0.00	*	*
12	十二、诉讼费	0.00	*	0.00	*	*	*
13	十三、差旅费	3,300,000.00	*	600,000.00	*	*	*
14	十四、保险费	0.00	*	0.00	*	*	*
15	十五、运输、仓储费	0.00	0.00	80,000.00	0.00	*	*
16	十六、修理费	0.00	0.00	0.00	0.00	*	*
17	十七、包装费	0.00	*	0.00	*	*	*
18	十八、技术转让费	0.00	0.00	0.00	0.00	*	*
19	十九、研究费用	0.00	0.00	5,000,000.00	0.00	*	*
20	二十、各项税费	0.00	*	50,000.00	*	*	*
21	二十一、利息收支	*	*	*	*	-240,000.00	0.00
22	二十二、汇兑差额	*	*	*	*	0.00	0.00
23	二十三、现金折扣	*	*	*	*	0.00	*
24	二十四、其他	0.00	0.00	880,000.00	0.00	0.00	0.00
25	合计(1+2+3+…24)	7,135,000.00	0.00	10,840,080.00	0.00	-240,000.00	0.00

图 5-18　【期间费用明细表】界面

4. 视同销售和房地产开发企业特定业务纳税调整明细表(A105010)

本表适用于发生视同销售、房地产企业特定业务纳税调整项目的纳税人填报。本案例非房地产开发企业，只需填上半部分。单击【收入、成本】中的“视同销售和房地产开发企业特定业务纳税调整明细表”。根据案例资料(2)填制本表，填制完成后，单击【保存】。相关操作界面如图 5-19 所示。

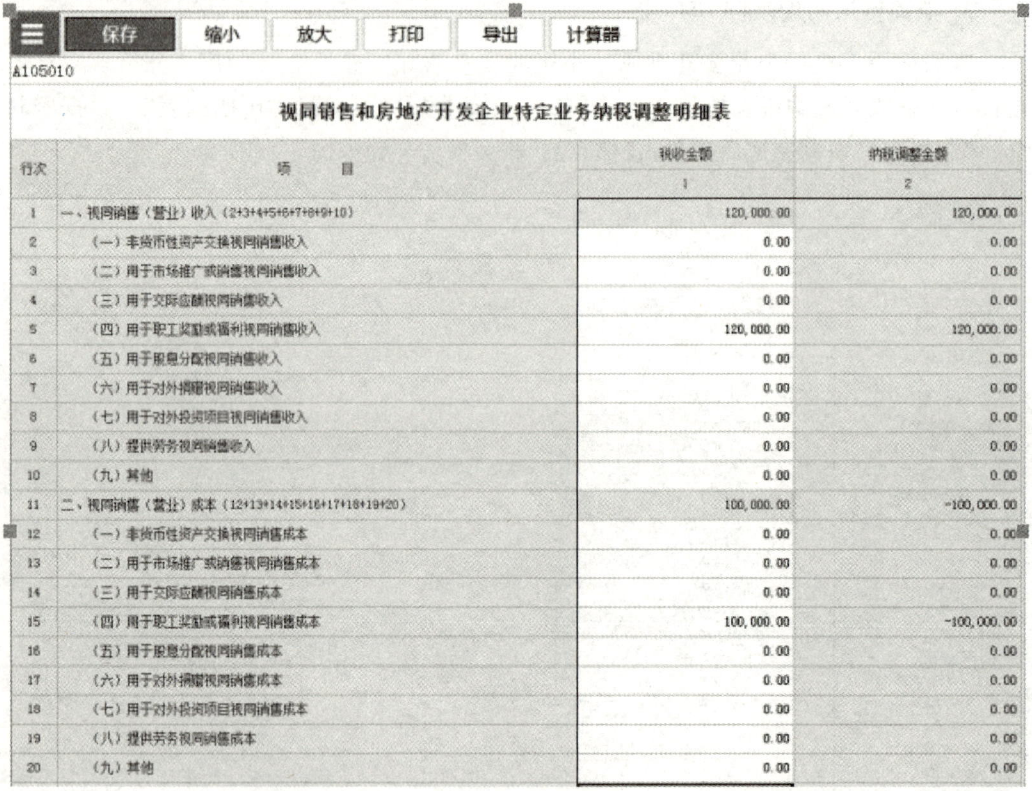

A105010

视同销售和房地产开发企业特定业务纳税调整明细表

行次	项目	税收金额	纳税调整金额
		1	2
1	一、视同销售（营业）收入（2+3+4+5+6+7+8+9+10）	120,000.00	120,000.00
2	（一）非货币性资产交换视同销售收入	0.00	0.00
3	（二）用于市场推广或销售视同销售收入	0.00	0.00
4	（三）用于交际应酬视同销售收入	0.00	0.00
5	（四）用于职工奖励或福利视同销售收入	120,000.00	120,000.00
6	（五）用于股息分配视同销售收入	0.00	0.00
7	（六）用于对外捐赠视同销售收入	0.00	0.00
8	（七）用于对外投资项目视同销售收入	0.00	0.00
9	（八）提供劳务视同销售收入	0.00	0.00
10	（九）其他	0.00	0.00
11	二、视同销售（营业）成本（12+13+14+15+16+17+18+19+20）	100,000.00	-100,000.00
12	（一）非货币性资产交换视同销售成本	0.00	0.00
13	（二）用于市场推广或销售视同销售成本	0.00	0.00
14	（三）用于交际应酬视同销售成本	0.00	0.00
15	（四）用于职工奖励或福利视同销售成本	100,000.00	-100,000.00
16	（五）用于股息分配视同销售成本	0.00	0.00
17	（六）用于对外捐赠视同销售成本	0.00	0.00
18	（七）用于对外投资项目视同销售成本	0.00	0.00
19	（八）提供劳务视同销售成本	0.00	0.00
20	（九）其他	0.00	0.00

图 5-19 【视同销售和房地产开发企业特定业务纳税调整明细表】界面

5. 未按权责发生制确认收入纳税调整明细表(A105020)

本表适用于会计处理按权责发生制确认收入、税法规定未按权责发生制确认收入需纳税调整项目的纳税人填报。本案例不涉及本表内容，直接单击【保存】。相关操作界面如图 5-20 所示。

6. 投资收益纳税调整明细表(A105030)

本表适用于发生投资收益纳税调整项目的纳税人填报。本案例不涉及该表内容，直接单击【保存】，相关操作界面如图 5-21 所示。

保存　缩小　放大　打印　导出　计算器

A105020

未按权责发生制确认收入纳税调整明细表

行次	项　目	合同金额（交易金额）	账载金额		税收金额		纳税调整金额
			本年	累计	本年	累计	
		1	2	3	4	5	6 (4-2)
1	一、跨期收取的租金、利息、特许权使用费收入（2+3+4）	0.00	0.00	0.00	0.00	0.00	0.00
2	（一）租金	0.00	0.00	0.00	0.00	0.00	0.00
3	（二）利息	0.00	0.00	0.00	0.00	0.00	0.00
4	（三）特许权使用费	0.00	0.00	0.00	0.00	0.00	0.00
5	二、分期确认收入（6+7+8）	0.00	0.00	0.00	0.00	0.00	0.00
6	（一）分期收款方式销售货物收入	0.00	0.00	0.00	0.00	0.00	0.00
7	（二）持续时间超过12个月的建造合同收入	0.00	0.00	0.00	0.00	0.00	0.00
8	（三）其他分期确认收入	0.00	0.00	0.00	0.00	0.00	0.00
9	三、政府补助递延收入（10+11+12）	0.00	0.00	0.00	0.00	0.00	0.00
10	（一）与收益相关的政府补助	0.00	0.00	0.00	0.00	0.00	0.00
11	（二）与资产相关的政府补助	0.00	0.00	0.00	0.00	0.00	0.00
12	（三）其他	0.00	0.00	0.00	0.00	0.00	0.00
13	四、其他未按权责发生制确认收入	0.00	0.00	0.00	0.00	0.00	0.00
14	合计（1+5+9+13）	0.00	0.00	0.00	0.00	0.00	0.00

图 5-20 【未按权责发生制确认收入纳税调整明细表】界面

保存　缩小　放大　打印　导出　计算器

A105030

行次	项　目	处置收益							纳税调整金额
		会计确认的处置收入	税收计算的处置收入	处置投资的账面价值	处置投资的计税基础	会计确认的处置所得或损失	税收计算的处置所得	纳税调整金额	
		4	5	6	7	8 (4-6)	9 (5-7)	10 (9-8)	11 (3+10)
1	一、交易性金融资产	0.00	0.00	0.00	0.00	0.00	0.00	0.00	0.00
2	二、可供出售金融资产	0.00	0.00	0.00	0.00	0.00	0.00	0.00	0.00
3	三、持有至到期投资	0.00	0.00	0.00	0.00	0.00	0.00	0.00	0.00
4	四、衍生工具	0.00	0.00	0.00	0.00	0.00	0.00	0.00	0.00
5	五、交易性金融负债	0.00	0.00	0.00	0.00	0.00	0.00	0.00	0.00
6	六、长期股权投资	0.00	0.00	0.00	0.00	0.00	0.00	0.00	0.00
7	七、短期投资	0.00	0.00	0.00	0.00	0.00	0.00	0.00	0.00
8	八、长期债券投资	0.00	0.00	0.00	0.00	0.00	0.00	0.00	0.00
9	九、其他	0.00	0.00	0.00	0.00	0.00	0.00	0.00	0.00
10	合计（1+2+3+4+5+6+7+8+9）	0.00	0.00	0.00	0.00	0.00	0.00	0.00	0.00

（a）

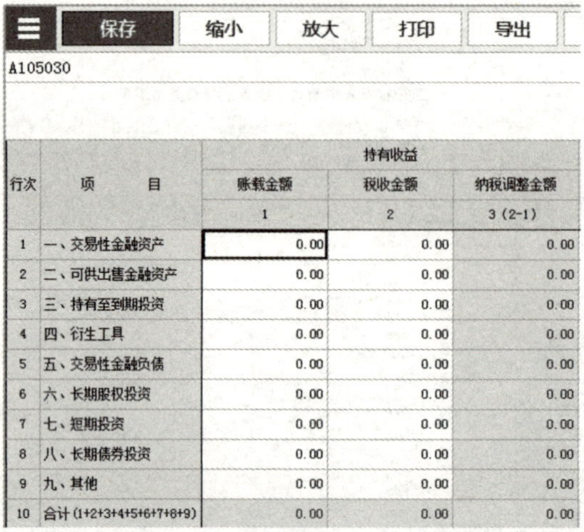

A105030

行次	项目	持有收益		
		账载金额	税收金额	纳税调整金额
		1	2	3 (2-1)
1	一、交易性金融资产	0.00	0.00	0.00
2	二、可供出售金融资产	0.00	0.00	0.00
3	三、持有至到期投资	0.00	0.00	0.00
4	四、衍生工具	0.00	0.00	0.00
5	五、交易性金融负债	0.00	0.00	0.00
6	六、长期股权投资	0.00	0.00	0.00
7	七、短期投资	0.00	0.00	0.00
8	八、长期债券投资	0.00	0.00	0.00
9	九、其他	0.00	0.00	0.00
10	合计 (1+2+3+4+5+6+7+8+9)	0.00	0.00	0.00

(b)

图 5-21 【投资收益纳税调整明细表】界面

【知识链接】

以分期收款方式销售货物收入为例：

在企业会计准则中，分期收款销售是按公允价值即分期收款总额的现值一次性确认收入金额。

关于分期收款销售的纳税义务发生时间，《增值税暂行条例实施细则》第三十三条第三条中有明确规定：采用赊销和分期收款方式销售货物，为按合同约定的收款日期的当天。《国家税务总局关于修订〈增值税专用发票使用规定〉的通知》对增值书专用发票的开具时间也做了规定，其中第十一条第四款为：按照增值税纳税义务的发生时间开具。

例如：2016 年 11 月 1 日的分期收款销售总合同价款是 100 万元，合同约定分 5 期，每月月初支付 20 万元。

会计上应确认主营业务收入 100 万元，但根据合同可以在 11 月、12 月初开出增值税专用发票 2 次，共计 40 万元，应纳税所得额应调减 60 万元。

7. 专项用途财政性资金纳税调整明细表（A105040）

本表适用于发生符合不征税收入条件的专项用途财政性资金纳税调整项目的纳税人填报。根据案例资料（4）填制本表，填制完成后，单击【保存】。相关操作界面如图 5-22

所示。

A105040

专项用途财政性资金纳税调整明细表

行次	项目	取得年度	财政性资金	其中:符合不征税收入条件的财政性资金		以前年度支出情况					本年支出情况		本年结余情况		
				金额	其中:计入本年损益的金额	前五年度	前四年度	前三年度	前二年度	前一年度	支出金额	其中:费用化支出金额	结余金额	其中:上缴财政金额	应计入本年应税收入金额
			1	2	3	4	5	6	7	8	9	10	11	12	13	14
1	前五年度	2011	0.00	0.00	0.00	0.00	0.00	0.00	0.00	0.00	0.00	0.00	0.00	0.00	0.00
2	前四年度	2012	0.00	0.00	0.00	*	0.00	0.00	0.00	0.00	0.00	0.00	0.00	0.00	0.00
3	前三年度	2013	0.00	0.00	0.00	*	*	0.00	0.00	0.00	0.00	0.00	0.00	0.00	0.00
4	前二年度	2014	0.00	0.00	0.00	*	*	*	0.00	0.00	0.00	0.00	0.00	0.00	0.00
5	前一年度	2015	0.00	0.00	0.00	*	*	*	*	0.00					
6	本 年	2016	500,000.00			*	*	*	*	*					
7	合计(1+2+3+4+5+6)	*	500,000.00	0.00	0.00	*	*	*	*						

图 5-22 专项用途财政性资金纳税调整明细表

8. 职工薪酬纳税调整明细表(A105050)

本表适用于发生职工薪酬纳税调整项目的纳税人填报。根据资料(11)填制本表,填制完成后,单击【保存】。相关操作界面如图 5-23 所示。

A105050

职工薪酬纳税调整明细表

行次	项 目	账载金额	税收规定扣除率	以前年度累计结转扣除额	税收金额	纳税调整金额	累计结转以后年度扣除额
		1	2	3	4	5 (1-4)	6 (1+3-4)
1	一、工资薪金支出	8,632,000.00	*	*	8,632,000.00	0.00	*
2	其中:股权激励	0.00	*	*	0.00	0.00	*
3	二、职工福利费支出	1,349,300.00	14.00%	*	1,208,480.00	140,820.00	*
4	三、职工教育经费支出	210,000.00	*	0.00	210,000.00	0.00	0.00
5	其中:按税收规定比例扣除的职工教育经费	210,000.00	2.50%	0.00	210,000.00	0.00	0.00
6	按税收规定全额扣除的职工培训费用	0.00	100.00%	*	0.00		
7	四、工会经费支出	172,640.00	2.00%	*	103,500.00	69,140.00	*
8	五、各类基本社会保障性缴款	300,000.00	*	*	300,000.00	0.00	*
9	六、住房公积金	200,000.00	*	*	200,000.00	0.00	*
10	七、补充养老保险	0.00	5.00%	*	0.00	0.00	*
11	八、补充医疗保险	0.00	5.00%	*	0.00	0.00	*
12	九、其他	0.00	*	*	0.00	0.00	*
13	合计(1+3+4+7+8+9+10+11+12)	10,863,940.00	*	0.00	10,653,980.00	209,960.00	0.00

图 5-23 【职工薪酬纳税调整明细表】界面

9. 广告费和业务宣传费跨年度纳税调整明细表(A105060)

本表适用于发生广告费和业务宣传费纳税调整项目的纳税人填报，本案例未发生相关费用，直接单击【保存】。相关操作界面如图 5-24 所示。

保存 缩小 放大 打印 导出 计算器

A105060

广告费和业务宣传费跨年度纳税调整明细表

行次	项　目	金　额
1	一、本年广告费和业务宣传费支出	0.00
2	减：不允许扣除的广告费和业务宣传费支出	0.00
3	二、本年符合条件的广告费和业务宣传费支出（1-2）	0.00
4	三、本年计算广告费和业务宣传费扣除限额的销售（营业）收入	0.00
5	税收规定扣除率	15.00%
6	四、本企业计算的广告费和业务宣传费扣除限额（4×5）	0.00
7	五、本年结转以后年度扣除额（3>6，本行=3-6；3≤6，本行=0）	0.00
8	加：以前年度累计结转扣除额	0.00
9	减：本年扣除的以前年度结转额[3>6，本行=0；3≤6，本行=8或（6-3）孰小值]	0.00
10	六、按照分摊协议归集至其他关联方的广告费和业务宣传费（10≤3或6孰小值）	0.00
11	按照分摊协议从其他关联方归集至本企业的广告费和业务宣传费	0.00
12	七、本年广告费和业务宣传费支出纳税调整金额（3>6，本行=2+3-6+10-11；3≤6，本行=2+10-11-9）	0.00
13	八、累计结转以后年度扣除额（7+8-9）	0.00

图 5-24 【广告费和业务宣传费跨年度纳税调整明细表】界面

【知识链接】

根据《中华人民共和国企业所得税法实施条例》第四十四条，企业发生的符合条件的广告费和业务宣传费支出，除国务院财政、税务主管部门另有规定外，不超过当年销售(营业)收入15%的部分，准予扣除；超过部分，准予在以后纳税年度结转扣除。

10. 捐赠支出纳税调整明细表(A105060)

本表适用于发生捐赠支出纳税调整项目的纳税人填报。根据案例资料(5)填制本表。填制完成后，单击【保存】。相关操作界面如图 5-25 所示。

11. 资产折旧、摊销情况及纳税调整明细表(A105080)

本表适用于发生资产折旧、摊销及存在资产折旧、摊销纳税调整的纳税人填报。根据案例资料(9)填制本表。填制完成后，单击【保存】。相关操作界面如图 5-26 所示。

图 5-25　【捐赠支出纳税调整明细表】界面

保存　缩小　放大　打印　导出　计算器

A105080

资产折旧、摊销情况及纳税调整明细表

行次	项目	账载金额				
		资产账载金额	本年折旧、摊销额	累计折旧、摊销额	资产计税基础	按税收一般规定计算的本年折旧、摊销额
		1	2	3	4	5
1	一、固定资产（2+3+4+5+6+7）	1,638,421.04	413,300.00	1,484,880.00	1,638,421.04	413,300.00
2	（一）房屋、建筑物	0.00	0.00	0.00	0.00	0.00
3	（二）飞机、火车、轮船、机器、机械和其他生产设备	0.00	0.00	0.00	0.00	0.00
4	（三）与生产经营活动有关的器具、工具、家具等	833,157.89	158,300.00	728,180.00	833,157.89	158,300.00
5	（四）飞机、火车、轮船以外的运输工具	0.00	0.00	0.00	0.00	0.00
6	（五）电子设备	805,263.15	255,000.00	756,700.00	805,263.15	255,000.00
7	（六）其他	0.00	0.00	0.00	0.00	0.00
8	二、生产性生物资产（9+10）	0.00	0.00	0.00	0.00	0.00
9	（一）林木类	0.00	0.00	0.00	0.00	0.00
10	（二）畜类	0.00	0.00	0.00	0.00	0.00
11	三、无形资产（12+13+14+15+16+17+18）	3,753,000.00	375,300.00	1,726,380.00	3,753,000.00	375,300.00
12	（一）专利权	3,753,000.00	375,300.00	1,726,380.00	3,753,000.00	375,300.00
13	（二）商标权	0.00	0.00	0.00	0.00	0.00
14	（三）著作权	0.00	0.00	0.00	0.00	0.00
15	（四）土地使用权	0.00	0.00	0.00	0.00	0.00
16	（五）非专利技术	0.00	0.00	0.00	0.00	0.00
17	（六）特许权使用费	0.00	0.00	0.00	0.00	0.00
18	（七）其他	0.00	0.00	0.00	0.00	0.00
19	四、长期待摊费用（20+21+22+23+24）	0.00	0.00	0.00	0.00	0.00
20	（一）已足额提取折旧的固定资产的改建支出	0.00	0.00	0.00	0.00	0.00
21	（二）租入固定资产的改建支出	0.00	0.00	0.00	0.00	0.00
22	（三）固定资产的大修理支出	0.00	0.00	0.00	0.00	0.00
23	（四）开办费	0.00	0.00	0.00	0.00	0.00
24	（五）其他	0.00	0.00	0.00	0.00	0.00
25	五、油气勘探投资	0.00	0.00	0.00	0.00	0.00
26	六、油气开发投资	0.00	0.00	0.00	0.00	0.00
27	合计（1+8+11+19+25+26）	5,391,421.04	788,600.00	3,211,260.00	5,391,421.04	788,600.00

（a）

税收金额			纳税调整	
本年加速折旧额	其中：2014年及以后年度新增固定资产加速折旧额（填写A105081）	累计折旧、摊销额	金额	调整原因
6	7	8	9(2-5-6)	10
0.00	0.00	1,484,880.00	0.00	
0.00	0.00	0.00	0.00	
0.00	0.00	0.00	0.00	
0.00	0.00	728,180.00	0.00	
0.00	0.00	0.00	0.00	
0.00	0.00	756,700.00	0.00	
0.00	0.00	0.00	0.00	
0.00	*	0.00	0.00	
0.00	*	0.00	0.00	
0.00	*	0.00	0.00	
*	*	1,726,380.00	0.00	
*	*	1,726,380.00	0.00	
*	*	0.00	0.00	
*	*	0.00	0.00	
*	*	0.00	0.00	
*	*	0.00	0.00	
*	*	0.00	0.00	
*	*	0.00	0.00	
*	*	0.00	0.00	
*	*	0.00	0.00	
*	*	0.00	0.00	
*	*	0.00	0.00	
*	*	0.00	0.00	
*	*	0.00	0.00	
*	*	0.00	0.00	
*	*	0.00	0.00	
0.00	0.00	3,211,260.00	0.00	*

(b)

图 5-26 【资产折旧、摊销情况及纳税调整明细表】界面

12. 固定资产加速折旧、扣除明细表(A105081)

本表适用于按照《财政部国家税务总局关于完善固定资产加速折旧税收政策有关问题的通知》(财税〔2014〕75 号)规定，六大行业固定资产加速折旧、扣除的情形，本案例不涉及该表内容，直接单击【保存】。

【知识链接】

《财政部国家税务总局关于完善固定资产加速折旧税收政策有关问题的通知》(财税〔2014〕75 号)和(财税〔2015〕106 号)对六大行业和四个领域重点行业的加速折旧规定如表 5-10 所示。

表 5-10　六大行业和四个领域重点行业的加速折旧规定

	六大行业	四个领域重点行业
适用行业和领域	生物药品制造业；专用设备制造业；铁路、船舶、航空航天和其他运输设备制造业；计算机、通信和其他电子设备制造业；仪器仪表制造业；信息传输、软件和信息技术服务业	轻工；纺织；机械；汽车
时间条件	2014 年 1 月 1 日后新购进	2015 年 1 月 1 日后新购进
加速折旧方法	企业新购进的固定资产，可缩短折旧年限或采取加速折旧的方法	
	上述行业或领域中的小型微利企业新购进的研发和生产经营公用的仪器、设备，单位价值不超过 100 万元的，允许一次性计入当期成本费用在计算应纳税所得额时扣除，不再分年度计算折旧；单位价值超过 100 万元的，可缩短折旧年限或采取加速折旧的方法	

12. 资产损失(专项申报)税前扣除及纳税调整明细表(A105091)

本表适用于发生资产损失前扣除专项申报事项的纳税人填报。本案例未发生相关事项，项目中要填"无"后，直接单击【保存】。相关操作界面如图 5-27 所示。

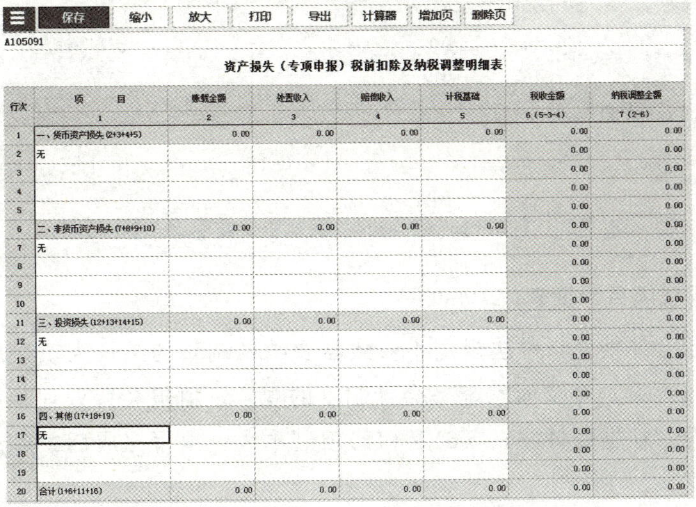

图 5-27　【资产损失(专项申报)税前扣除及纳税调整明细表】界面

14. 资产损失税前扣除及纳税调整明细表(A105090)

本表适用于发生资产损失税前扣除项目及纳税调整项目的纳税人填报。本案例未发生相关事项，直接单击【保存】。相关操作界面如图 5-28 所示。

保存 缩小 放大 打印 导出 计算器

A105090

资产损失税前扣除及纳税调整明细表

行次	项　　目	账载金额	税收金额	纳税调整金额
		1	2	3（1-2）
1	一、清单申报资产损失（2+3+4+5+6+7+8）	0.00	0.00	0.00
2	（一）正常经营管理活动中，按照公允价格销售、转让、变卖非货币资产的损失	0.00	0.00	0.00
3	（二）存货发生的正常损耗	0.00	0.00	0.00
4	（三）固定资产达到或超过使用年限而正常报废清理的损失	0.00	0.00	0.00
5	（四）生产性生物资产达到或超过使用年限而正常死亡发生的资产损失	0.00	0.00	0.00
6	（五）按照市场公平交易原则，通过各种交易场所、市场等买卖债券、股票、期货、基金以及金融衍生产品等发生的损失	0.00	0.00	0.00
7	（六）分支机构上报的资产损失	0.00	0.00	0.00
8	（七）其他	0.00	0.00	0.00
9	二、专项申报资产损失（填写A105091）	0.00	0.00	0.00
10	（一）货币资产损失（填写A105091）	0.00	0.00	0.00
11	（二）非货币资产损失（填写A105091）	0.00	0.00	0.00
12	（三）投资损失（填写A105091）	0.00	0.00	0.00
13	（四）其他（填写A105091）	0.00	0.00	0.00
14	合计（1+9）	0.00	0.00	0.00

图 5-28 【资产损失税前扣除及纳税调整明细表】界面

15. 纳税调整项目明细表(A105000)

本表适用于会计处理与税法规定不一致需要纳税调整的纳税人填报。纳税人根据税法、相关税收政策，以及国家统一会计制度的规定，填报会计处理、税法规定，以及纳税调整情况。根据资料(5)、(6)和(12)填制本表，填写完成后，单击【保存】。相关操作界面如图 5-29 所示。

保存并返回　缩小　放大　打印　导出　计算器

A105000

纳税调整项目明细表

行次	项 目	账载金额 1	税收金额 2	调增金额 3	调减金额 4
1	一、收入类调整项目（2+3+4+5+6+7+8+10+11）	*	*	120,000.00	0.00
2	（一）视同销售收入（填写A105010）	*	120,000.00	120,000.00	*
3	（二）未按权责发生制原则确认的收入（填写A105020）	0.00	0.00	0.00	0.00
4	（三）投资收益（填写A105030）	0.00	0.00	0.00	0.00
5	（四）按权益法核算长期股权投资对初始投资成本调整确认收益	*	*		0.00
6	（五）交易性金融资产初始投资调整	*	*	0.00	*
7	（六）公允价值变动净损益	0.00	*	0.00	0.00
8	（七）不征税收入	*	*	0.00	0.00
9	其中：专项用途财政性资金（填写A105040）	*	*	0.00	0.00
10	（八）销售折扣、折让和退回	0.00	0.00	0.00	0.00
11	（九）其他	0.00	0.00	0.00	0.00
12	二、扣除类调整项目（13+14+15+16+17+18+19+20+21+22+23+24+26+27+28+29）	*	*	1,596,769.00	100,000.00
13	（一）视同销售成本（填写A105010）	*	100,000.00	*	100,000.00
14	（二）职工薪酬（填写A105050）	10,863,940.00	10,653,980.00	209,960.00	0.00
15	（三）业务招待费支出	1,320,000.00	376,791.00	943,209.00	*
16	（四）广告费和业务宣传费支出（填写A105060）	*	*		*
17	（五）捐赠支出（填写A105070）	250,000.00	150,000.00	100,000.00	0.00
18	（六）利息支出	-240,000.00	-240,000.00		
19	（七）罚金、罚款和被没收财物的损失	60,000.00	*	60,000.00	
20	（八）税收滞纳金、加收利息	30,000.00	*	30,000.00	
21	（九）赞助支出	0.00	*	0.00	
22	（十）与未实现融资收益相关在当期确认的财务费用	0.00	0.00	0.00	
23	（十一）佣金和手续费支出	0.00	0.00		
24	（十二）不征税收入用于支出所形成的费用	*	*		
25	其中：专项用途财政性资金用于支出所形成的费用（填写A105040）	*	*		
26	（十三）跨期扣除项目	0.00	0.00		
27	（十四）与取得收入无关的支出	0.00	*		
28	（十五）境外所得分摊的共同支出	*	*		
29	（十六）其他	253,600.00	0.00	253,600.00	0.00
30	三、资产类调整项目（31+32+33+34）	*	*	7,200.00	0.00
31	（一）资产折旧、摊销（填写A105080）	788,600.00	788,600.00	0.00	0.00
32	（二）资产减值准备金	7,200.00	*	7,200.00	
33	（三）资产损失（填写A105090）	0.00	0.00	0.00	
34	（四）其他	0.00	0.00	0.00	
35	四、特殊事项调整项目（36+37+38+39+40）			0.00	
36	（一）企业重组（填写A105100）	0.00	0.00	0.00	
37	（二）政策性搬迁（填写A105110）	*	*	0.00	
38	（三）特殊行业准备金（填写A105120）	0.00	0.00	0.00	
39	（四）房地产开发企业特定业务计算的纳税调整额（填写A105010）	*	*	0.00	
40	（五）其他	*	*	0.00	
41	五、特别纳税调整应税所得	*	*	0.00	
42	六、其他	*	*	0.00	
43	合计（1+12+30+35+41+42）	*	*	1,723,969.00	100,000.00

图 5-29 【纳税调整项目明细表】界面

【知识链接】

（1）《中华人民共和国企业所得税法实施条例》第四十三条规定，企业发生的与生产经营活动有关的业务招待费支出，按照发生额的 60% 扣除，但最高不得超过当年销售（营业）收入的 5‰。

《中华人民共和国企业所得税法》第十条规定，在计算应纳税所得额时，下列支出不得扣除：

①向投资者支付的股息、红利等权益性投资收益款项；

②企业所得税税款；

③税收滞纳金；

④罚金、罚款和被没收财物的损失；

⑤本法第九条规定以外的捐赠支出；

⑥赞助支出；

⑦未经核定的准备金支出；

⑧与取得收入无关的其他支出。

《中华人民共和国企业所得税法实施条例》第五十六条规定，企业的各项资产，包括固定资产、生物资产、无形资产、长期待摊费用、投资资产、存货等，以历史成本为计税基础。历史成本，是指企业取得该项资产时实际发生的支出。企业持有各项资产期间资产增值或者减值，除国务院财政、税务主管部门规定可以确认损益外，不得调整该资产的计税基础。

16. 符合条件的居民企业之间的股息、红利等权益性投资收益优惠明细表(A107011)

本表适用于享受符合条件的居民企业之间的股息、红利等权益性投资收益优惠的纳税人填报。根据案例资料(7)填制本表，填写完成后，单击【保存】。相关操作界面如图 5-30 所示。

图 5-30 【符合条件的居民企业之间的股息、红利等权益性投资收益优惠明细表】界面

17. 研发费用加计扣除优惠明细表(A107014)

本表适用于享受研发费用加计扣除优惠的纳税人填表。根据案例资料(8)填制本

表，填写完成后，单击【保存】。相关操作界面如图 5-31 所示。

☰	保存	缩小	放大	打印	导出	计算器	增加页	删除页

A107014

研发费用加计扣除优惠明细表

行次	研发项目	本年研发费用明细								
		研发活动直接消耗的材料、燃料和动力费用	直接从事研发活动的本企业人员人工费用	专门用于研发活动的有关折旧费、运行维护费	专门用于研发活动的有关无形资产摊销费	中间试验和产品试制的有关费用、样品、样机及一般测试手段购置费	研发成果论证、评审、验收、鉴定费用	勘探开发技术的现场试验费、新药研制的临床试验费	设计、制定、资料和翻译费用	年度研发费用合计
		1	2	3	4	5	6	7	8	9	10 (2+3+4+5+6+7+8+9)
1		200,000.00	4,254,700.00	120,000.00	375,300.00	0.00	50,000.00	0.00	0.00	5,000,000.00
2										0.00
3										0.00
4										0.00
5										0.00
6										0.00
7										0.00
8										0.00
9										0.00
10	合计	200,000.00	4,254,700.00	120,000.00	375,300.00	0.00	50,000.00	0.00	0.00	5,000,000.00

（a）

减：作为不征税收入处理的财政性资金用于研发的部分	可加计扣除的研发费用合计	费用化部分		资本化部分			无形资产本年加计摊销额	本年研发费用加计扣除额合计
		计入本年损益的金额	计入本年研发费用加计扣除额	本年形成无形资产的金额	本年形成无形资产本年加计摊销额	以前年度形成无形资产本年加计摊销额		
11	12 (10-11)	13	14 (13×50%)	15	16	17	18 (16+17)	19 (14+18)
0.00	5,000,000.00	5,000,000.00	2,500,000.00	0.00	0.00	0.00	0.00	2,500,000.00
	0.00		0.00				0.00	0.00
	0.00		0.00				0.00	0.00
	0.00		0.00				0.00	0.00
	0.00		0.00				0.00	0.00
	0.00		0.00				0.00	0.00
	0.00		0.00				0.00	0.00
	0.00		0.00				0.00	0.00
	0.00		0.00				0.00	0.00
0.00	5,000,000.00	5,000,000.00	2,500,000.00	0.00	0.00	0.00	0.00	2,500,000.00

（b）

图 5-31 【研发费用加计扣除优惠明细表】界面

18. 免税、减计收入及加计扣除优惠明细表（A107010）

本表适用于享受免税收入、减计收入和加计扣除优惠的纳税人填报。纳税人根据税法及相关税收政策规定，填报本年发生的免税收入、减计收入和加计扣除优惠情况。本表根据下级申报表自动生成，生成数据后，单击【保存】。相关操作如图5-32所示。

	保存	缩小	放大	打印	导出	计算器

A107010

免税、减计收入及加计扣除优惠明细表

行次	项　目	金　额
1	一、免税收入（2+3+4+5）	500,000.00
2	（一）国债利息收入	0.00
3	（二）符合条件的居民企业之间的股息、红利等权益性投资收益（填写A107011）	500,000.00
4	（三）符合条件的非营利组织的收入	0.00
5	（四）其他专项优惠（6+7+8+9+10+11+12+13+14）	0.00
6	1.中国清洁发展机制基金取得的收入	0.00
7	2.证券投资基金从证券市场取得的收入	0.00
8	3.证券投资基金投资者获得的分配收入	0.00
9	4.证券投资基金管理人运用基金买卖股票、债券的差价收入	0.00
10	5.取得的地方政府债券利息所得或收入	0.00
11	6.受灾地区企业取得的救灾和灾后恢复重建款项等收入	0.00
12	7.中国期货保证金监控中心有限责任公司取得的银行存款利息等收入	0.00
13	8.中国保险保障基金有限责任公司取得的保险保障基金等收入	0.00
14	9.其他	0.00
15	二、减计收入（16+17）	0.00
16	（一）综合利用资源生产产品取得的收入（填写A107012）	0.00
17	（二）其他专项优惠（18+19+20）	0.00
18	1.金融、保险等机构取得的涉农利息、保费收入（填写A107013）	0.00
19	2.取得的中国铁路建设债券利息收入	0.00
20	3.其他	0.00
21	三、加计扣除（22+23+26）	2,500,000.00
22	（一）开发新技术、新产品、新工艺发生的研究开发费用加计扣除（填写A107014）	2,500,000.00
23	（二）安置残疾人员及国家鼓励安置的其他就业人员所支付的工资加计扣除（24+25）	0.00
24	1.支付残疾人员工资加计扣除	0.00
25	2.国家鼓励的其他就业人员工资加计扣除	0.00
26	（三）其他专项优惠	0.00
27	合计（1+15+21）	3,000,000.00

图5-32 【免税、减计收入及加计扣除优惠明细表】界面

【知识链接】

《企业所得税法实施条例》第九十六条第一款规定，企业所得税法第三十条第（二）项所称企业安置残疾人员所支付的工资的加计扣除，是指企业安置残疾人员的，在按

照支付给残疾职工工资据实扣除的基础上，按照支付给残疾职工工资的100％加计扣除。残疾人员的范围适用《中华人民共和国残疾人保障法》的有关规定。

19. 所得减免优惠明细表（A107020）

本表适用于享受所得减免优惠的纳税人填报。纳税人根据税法和相关税收政策规定，填报本年发生的减免所得额优惠情况。本案例未发生相关事项，直接单击【保存】。

20. 软件、集成电路企业优惠情况及明细表（A107042）

本表适用于享受软件、集成电路企业优惠的纳税人的填报。根据企业的基本资料、案例资料（1）（8）填制本表，填制完成后，单击【保存】。相关操作界面如图5-33所示。

☰	保存	缩小	放大	打印	导出	计算器

A107042

软件、集成电路企业优惠情况及明细表

行次		基本信息			
1		企业成立日期	2012-01-15	软件企业证书取得日期	2012-06-11
2		软件企业认定证书编号	浙-GY-2012-0831	软件产品登记证书编号	浙-DG-2012-4601
3		计算机信息系统集成资质等级认定证书编号		集成电路生产企业认定文号	
4		集成电路设计企业认定证书编号			
5		关键指标情况（2011年1月1日以后成立企业填报）			
6	人员指标	一、企业本年月平均职工总人数			535.00
7		其中：签订劳动合同关系且具有大学专科以上学历的职工人数			535.00
8		二、研究开发人员人数			343.00
9		三、签订劳动合同关系且具有大学专科以上学历的职工人数占企业当年平均职工总人数的比例（7÷6）			100.00%
10		四、研究开发人员占企业本年月平均职工总数的比例（8÷6）			64.11%
11	收入指标	五、企业收入总额			75,238,200.00
12		六、集成电路制造销售（营业）收入			0.00
13		七、集成电路制造销售（营业）收入占企业收入总额的比例（12÷11）			0.00%
14		八、集成电路设计销售（营业）收入			0.00
15		其中：集成电路自主设计销售（营业）收入			0.00
16		九、集成电路设计企业的集成电路设计销售（营业）收入占企业收入总额的比例（14÷11）			0.00%
17		十、集成电路自主设计销售（营业）收入占企业收入总额的比例（15÷11）			0.00%
18		十一、软件产品开发销售（营业）收入			55,000,000.00
19		其中：嵌入式软件产品和信息系统集成产品开发销售（营业）收入			0.00
20		十二、软件产品自主开发销售（营业）收入			45,000,000.00
21		其中：嵌入式软件产品和信息系统集成产品自主开发销售（营业）收入			0.00
22		十三、软件企业的软件产品开发销售（营业）收入占企业收入总额的比例（18÷11）			73.10%
23		十四、嵌入式软件产品和信息系统集成产品开发销售（营业）收入占企业收入总额的比例（19÷11）			0.00%
24		十五、软件产品自主开发销售（营业）收入占企业收入总额的比例（20÷11）			59.81%
25		十六、嵌入式软件产品和信息系统集成产品自主开发销售（营业）收入占企业收入总额的比例（21÷11）			0.00%
26	研究开发费用指标	十七、研究开发费用总额			5,000,000.00
27		其中：企业在中国境内发生的研究开发费用金额			5,000,000.00
28		十八、研究开发费用总额占企业销售（营业）收入总额的比例			6.65%
29		十九、企业在中国境内发生的研究开发费用金额占研究开发费用总额的比例（27÷26）			100.00%

（a）

30		关键指标情况（2011年1月1日以前成立企业填报）	
31	人员指标	二十、企业职工总数	0.00
32		二十一、从事软件产品开发和技术服务的技术人员	0.00
33		二十二、从事软件产品开发和技术服务的技术人员占企业职工总数的比例　（32÷31）	0.00%
34	收入指标	二十三、企业年总收入	0.00
35		其中：企业年软件销售收入	0.00
36		其中：自产软件销售收入	0.00
37		二十四、软件销售收入占企业年总收入比例（35÷34）	0.00%
38		二十五、自产软件收入占软件销售收入比例（36÷35）	0.00%
39	研究开发经费指标	二十六、软件技术及产品的研究开发经费	0.00
40		二十七、软件技术及产品的研究开发经费占企业年软件收入比例（39÷35）	0.00%
41	减免税金额		0.00

（b）

图 5-33 【软件、集成电路企业优惠情况明细表】界面

21. 中华人民共和国企业所得税年度纳税申报表（A 类）（A100000）

本表为年度纳税申报表主表，企业应该根据《中华人民共和国企业所得税法》及其实施条例（以下简称税法）、相关税收政策，以及国家统一会计制度（企业会计准则、小企业会计准则、企业会计制度、事业单位会计准则和民间非营利组织会计制度等）的规定，计算填报纳税人利润总额、应纳税所得额、应纳税额和附列资料等有关项目。

企业在计算应纳税所得额及应纳所得税时，企业财务、会计处理办法与税法规定不一致的，应当按照税法规定计算。税法规定不明确的，在没有明确规定之前，暂按企业财务、会计规定计算。

根据案例资料中的利润表填制本表，填制完成后，单击【保存】。相关操作界面如图 5-34 所示。

本表本应最后填报，为准确计算，可提前填报 1—23 行。第 25 行"六、应纳所得税额"的数值自动计算，数值为 1 017 172.25 。因为本公司为"软件、集成电路企业"，享受企业所得税"两免三减半"的优惠政策（注：自盈利年度开始），本公司成立于 2012 年，连续 3 年盈利，2012 年和 2013 年度免征企业所得税，2014、2015 和 2016 年度减半征收企业所得税（本年度为 2016 年），减免所得税额＝应纳所得税额/2＝508 586.13（元）。

将减免所得税额填入表"软件、集成电路企业优惠情况及明细表（A107042）"的第41 行。

| ☰ | 保存 | 缩小 | 放大 | 打印 | 导出 | 计算器 |

A100000

中华人民共和国企业所得税年度纳税申报表（A类）

行次	类别	项　　　目		金　额
1		一、营业收入（填写A101010\101020\103000）	↗	75,238,200.00
2		减：营业成本（填写A102010\102020\103000）	↗	46,396,500.00
3		营业税金及附加		6,253,200.00
4		销售费用（填写A104000）	↗	7,135,000.00
5		管理费用（填写A104000）	↗	10,840,080.00
6		财务费用（填写A104000）	↗	-240,000.00
7	利润总额计算	资产减值损失		7,200.00
8		加：公允价值变动收益		0.00
9		投资收益		500,000.00
10		二、营业利润（1-2-3-4-5-6-7+8+9）		5,346,220.00
11		加：营业外收入（填写A101010\101020\103000）	↗	525,000.00
12		减：营业外支出（填写A102010\102020\103000）	↗	426,500.00
13		三、利润总额（10+11-12）		5,444,720.00
14		减：境外所得（填写A108010）		0.00
15		加：纳税调整增加额（填写A105000）	↗	1,723,969.00
16		减：纳税调整减少额（填写A105000）	↗	100,000.00
17		减：免税、减计收入及加计扣除（填写A107010）	↗	3,000,000.00
18	应纳税所得额计算	加：境外应税所得抵减境内亏损（填写A108000）		0.00
19		四、纳税调整后所得（13-14+15-16-17+18）		4,068,689.00
20		减：所得减免（填写A107020）	↗	0.00
21		减：抵扣应纳税所得额（填写A107030）		0.00
22		减：弥补以前年度亏损（填写A106000）	↗	0.00
23		五、应纳税所得额（19-20-21-22）		4,068,689.00
24		税率（25%）		25.00%
25		六、应纳所得税额（23×24）		1,017,172.25
26		减：减免所得税额（填写A107040）	↗	0.00
27		减：抵免所得税额（填写A107050）	↗	0.00
28		七、应纳税额（25-26-27）		1,017,172.25
29		加：境外所得应纳所得税额（填写A108000）		0.00
30	应纳税额计算	减：境外所得抵免所得税额（填写A108000）		0.00
31		八、实际应纳所得税额（28+29-30）		1,017,172.25
32		减：本年累计实际已预缴的所得税额	↗	300,000.00
33		九、本年应补（退）所得税额（31-32）		717,172.25

图 5-34　【中华人民共和国企业所得税年度纳税申报表（A类）】界面

22. 再次填报"软件、集成电路企业优惠情况及明细表"（A107042）

填写本表第 41 行后，单击【保存】。相关操作界面如图 5-35 所示。

131

| ☰ | 保存 | 缩小 | 放大 | 打印 | 导出 | 计算器 |

A107042

软件、集成电路企业优惠情况及明细表

行次		基本信息			
1		企业成立日期	2011-01-15	软件企业证书取得日期	
2		软件企业认定证书编号		软件产品登记证书编号	
3		计算机信息系统集成资质等级认定证书编号		集成电路生产企业认定文号	
4		集成电路设计企业认定证书编号			
5		关键指标情况（2011年1月1日以后成立企业填报）			
6	人员指标	一、企业本年月平均职工总人数			535.00
7		其中：签订劳动合同关系且具有大学专科以上学历的职工人数			535.00
8		二、研究开发人员人数			343.00
9		三、签订劳动合同关系且具有大学专科以上学历的职工人数占企业当年月平均职工总人数的比例（7÷6）			100.00%
10		四、研究开发人员占企业本年月平均职工总数的比例（8÷6）			64.11%
11	收入指标	五、企业收入总额			75,238,200.00
12		六、集成电路制造销售（营业）收入			0.00
13		七、集成电路制造销售（营业）收入占企业收入总额的比例（12÷11）			0.00%
14		八、集成电路设计销售（营业）收入			0.00
15		其中：集成电路自主设计销售（营业）收入			0.00
16		九、集成电路设计企业的集成电路设计销售（营业）收入占企业收入总额的比例（14÷11）			0.00%
17		十、集成电路自主设计销售（营业）收入占企业收入总额的比例（15÷11）			0.00%
18		十一、软件产品开发销售（营业）收入			55,000,000.00
19		其中：嵌入式软件产品和信息系统集成产品开发销售（营业）收入			0.00
20		十二、软件产品自主开发销售（营业）收入			45,000,000.00
21		其中：嵌入式软件产品和信息系统集成产品自主开发销售（营业）收入			0.00
22		十三、软件企业的软件产品开发销售（营业）收入占企业收入总额的比例（18÷11）			73.10%
23		十四、嵌入式软件产品和信息系统集成产品开发销售（营业）收入占企业收入总额的比例（19÷11）			0.00%
24		十五、软件产品自主开发销售（营业）收入占企业收入总额的比例（20÷11）			59.81%
25		十六、嵌入式软件产品和信息系统集成产品自主开发销售（营业）收入占企业收入总额的比例（21÷11）			0.00%
26	研究开发费用指标	十七、研究开发费用总额			5,000,000.00
27		其中：企业在中国境内发生的研究开发费用金额			5,000,000.00
28		十八、研究开发费用总额占企业销售（营业）收入总额的比例			6.65%
29		十九、企业在中国境内发生的研究开发费用金额占研究开发费用总额的比例（27÷26）			100.00%

（a）

30		关键指标情况（2011年1月1日以前成立企业填报）		
31	人员指标	二十、企业职工总数		0.00
32		二十一、从事软件产品开发和技术服务的技术人员		0.00
33		二十二、从事软件产品开发和技术服务的技术人员占企业职工总数的比例　（32÷31）		0.00%
34	收入指标	二十三、企业年总收入		0.00
35		其中：企业年软件销售收入		0.00
36		其中：自产软件销售收入		0.00
37		二十四、软件销售收入占企业年总收入比例（35÷34）		0.00%
38		二十五、自产软件收入占软件销售收入比例（36÷35）		0.00%
39	研究开发经费指标	二十六、软件技术及产品的研究开发经费		0.00
40		二十七、软件技术及产品的研究开发经费占企业年软件收入比例（39÷35）		0.00%
41	减免税金额			508,586.13

（b）

图 5-35 【软件、集成电路企业优惠情况及明细表】界面

23. 减免所得税优惠明细表（A107040）

本表适用于享受减免所得税优惠的纳税人填报。纳税人根据税法及相关税收政策规定，填报本年发生的减免所得税优惠情况。本案例只享受"软件、集成电路企业"的优惠政策，其他项目无须填列，第 20 行"十六　符合条件的软件企业"根据"软件、集成电路企业优惠情况及明细表"填列。填制完成后，单击【保存】。相关操作界面如图 5-36 所示。

| | 保存 | 缩小 | 放大 | 打印 | 导出 | 计算器 |

A107040

减免所得税优惠明细表

行次	项　目	金　额
1	一、符合条件的小型微利企业	0.00
2	二、国家需要重点扶持的高新技术企业（填写A107041）	0.00
3	三、减免地方分享所得税的民族自治地方企业	0.00
4	四、其他专项优惠（5+6+7+8+9+10+11+12+13+14+15+16+17+18+19+20+21+22+23+24+25+26+27）	508,586.13
5	（一）经济特区和上海浦东新区新设立的高新技术企业	0.00
6	（二）经营性文化事业单位转制企业	0.00
7	（三）动漫企业	0.00
8	（四）受灾地区损失严重的企业	0.00
9	（五）受灾地区农村信用社	0.00
10	（六）受灾地区的促进就业企业	0.00
11	（七）技术先进型服务企业	0.00
12	（八）新疆困难地区新办企业	0.00
13	（九）新疆喀什、霍尔果斯特殊经济开发区新办企业	0.00
14	（十）支持和促进重点群体创业就业企业	0.00
15	（十一）集成电路线宽小于0.8微米（含）的集成电路生产企业	0.00
16	（十二）集成电路线宽小于0.25微米的集成电路生产企业	0.00
17	（十三）投资额超过80亿元人民币的集成电路生产企业	0.00
18	（十四）新办集成电路设计企业（填写A107042）	0.00
19	（十五）国家规划布局内重点集成电路设计企业	0.00
20	（十六）符合条件的软件企业（填写A107042）	508,586.13
21	（十七）国家规划布局内重点软件企业	0.00
22	（十八）设在西部地区的鼓励类产业企业	0.00
23	（十九）符合条件的生产和装配伤残人员专门用品企业	0.00
24	（二十）中关村国家自主创新示范区从事文化产业支撑技术等领域的高新技术企业	0.00
25	（二十一）享受过渡期税收优惠企业	0.00
26	（二十二）横琴新区、平潭综合实验区和前海深港现代化服务业合作区企业	0.00
27	（二十三）其他	0.00
28	五、减：项目所得额按法定税率减半征收企业所得税叠加享受减免税优惠	0.00
29	合计（1+2+3+4-28）	508,586.13

图 5-36　【减免所得税优惠明细表】界面

24. 税额抵免优惠明细表（A107050）

本表适用于享受专用设备投资抵免优惠的纳税人填报。本表自动生成，其他内容本案例不涉及。数据生成后，单击【保存】。

第3列"本年允许抵免的专用设备投资额"：填报纳税人本年购置并实际使用《环境保护专用设备企业所得税优惠目录》《节能节水专用设备企业所得税优惠目录》和《安全生产专用设备企业所得税优惠目录》规定的环境保护、节能节水、安全生产等专用设备的发票价税合计金额，但不包括允许抵扣的增值税进项税额、按有关规定退还的增值税税款以及设备运输、安装和调试等费用。

25. 企业所得税弥补亏损明细表（A106000）

本表填报纳税人根据税法，在本纳税年度及本纳税年度前5年度的纳税调整后所得、合并、分立转入（转出）可弥补的亏损额、当年可弥补的亏损额、以前年度亏损已弥补额、本年度实际弥补的以前年度亏损额、可结转以后年度弥补的亏损额。根据资料（13）填制，如图5-37所示，单击【保存】。

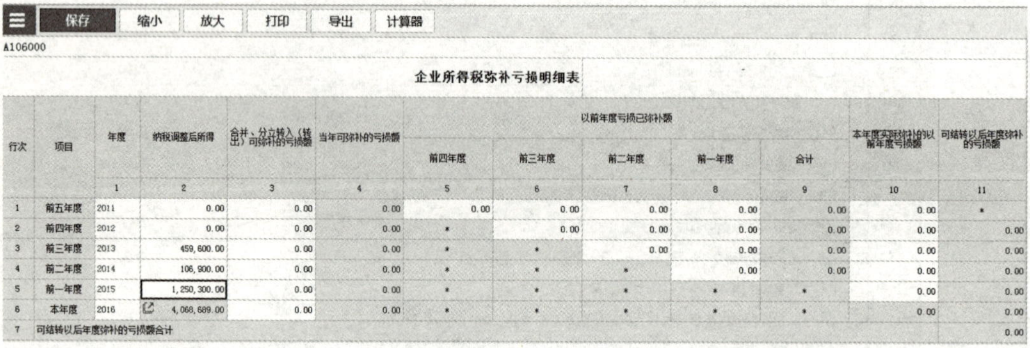

| | | | | | | | 保存 | 缩小 | 放大 | 打印 | 导出 | 计算器 | | | |

A106000

							企业所得税弥补亏损明细表							
行次	项目	年度	纳税调整后所得	合并、分立转入（转出）可弥补的亏损额	当年可弥补的亏损额	以前年度亏损已弥补额						本年度实际弥补的以前年度亏损额	可结转以后年度弥补的亏损额
							前四年度	前三年度	前二年度	前一年度	合计		
			1	2	3	4	5	6	7	8	9	10	11
1	前五年度	2011	0.00	0.00	0.00	0.00	0.00	0.00	0.00	0.00	0.00	*
2	前四年度	2012	0.00	0.00	0.00	*	0.00	0.00	0.00	0.00	0.00	0.00
3	前三年度	2013	459,600.00	0.00	0.00	*	*	0.00	0.00	0.00	0.00	0.00
4	前二年度	2014	106,900.00	0.00	0.00	*	*	*	0.00	0.00	0.00	0.00
5	前一年度	2015	1,250,300.00	0.00	0.00	*	*	*	0.00	0.00	0.00	0.00
6	本年度	2016	4,068,689.00	0.00	0.00	*	*	*	*			0.00
7	可结转以后年度弥补的亏损额合计												0.00

图 5-37 【企业所得税弥补亏损明细表】界面

26. 再次填报中华人民共和国企业所得税年度纳税申报表（A 类）（A100000）

再次选择"中华人民共和国企业所得税年度纳税申报表（A 类）"申报表，生成数据后，单击【保存】。相关操作界面如图5-38所示。

| 保存 | 缩小 | 放大 | 打印 | 导出 | 计算器 |

A100000

中华人民共和国企业所得税年度纳税申报表（A类）

行次	类别	项　目		金　额
1		一、营业收入（填写A101010\101020\103000）	🔗	75,238,200.00
2		减：营业成本（填写A102010\102020\103000）	🔗	46,396,500.00
3		营业税金及附加		6,253,200.00
4		销售费用（填写A104000）	🔗	7,135,000.00
5		管理费用（填写A104000）	🔗	10,840,080.00
6		财务费用（填写A104000）	🔗	-240,000.00
7	利润总额计算	资产减值损失		7,200.00
8		加：公允价值变动收益		0.00
9		投资收益		500,000.00
10		二、营业利润（1-2-3-4-5-6-7+8+9）		5,346,220.00
11		加：营业外收入（填写A101010\101020\103000）	🔗	525,000.00
12		减：营业外支出（填写A102010\102020\103000）	🔗	426,500.00
13		三、利润总额（10+11-12）		5,444,720.00

（a）

14		减：境外所得（填写A108010）		0.00
15		加：纳税调整增加额（填写A105000）	🔗	1,723,969.00
16		减：纳税调整减少额（填写A105000）	🔗	100,000.00
17		减：免税、减计收入及加计扣除（填写A107010）	🔗	3,000,000.00
18	应纳税所得额计算	加：境外应税所得抵减境内亏损（填写A108000）		0.00
19		四、纳税调整后所得（13-14+15-16-17+18）		4,068,689.00
20		减：所得减免（填写A107020）		0.00
21		减：抵扣应纳税所得额（填写A107030）		0.00
22		减：弥补以前年度亏损（填写A106000）	🔗	0.00
23		五、应纳税所得额（19-20-21-22）		4,068,689.00
24		税率（25%）		25.00%
25		六、应纳所得税额（23×24）		1,017,172.25
26		减：减免所得税额（填写A107040）	🔗	508,586.13
27		减：抵免所得税额（填写A107050）	🔗	0.00
28		七、应纳税额（25-26-27）		508,586.12
29		加：境外所得应纳所得税额（填写A108000）		0.00
30	应纳税额计算	减：境外所得抵免所得税额（填写A108000）		0.00
31		八、实际应纳所得税额（28+29-30）		508,586.12
32		减：本年累计实际已预缴的所得税额	🔗	300,000.00
33		九、本年应补（退）所得税额（31-32）		208,586.12
34		其中：总机构分摊本年应补（退）所得税额（填写A109000）		0.00
35		财政集中分配本年应补（退）所得税额（填写A109000）		0.00
36		总机构主体生产经营部门分摊本年应补（退）所得税额（填写A109000）		0.00
37	附列资料	以前年度多缴的所得税额在本年抵减额	🔗	0.00
38		以前年度应缴未缴在本年入库所得税额	🔗	0.00

（b）

图5-38 【中华人民共和国企业所得税年度纳税申报表（A类）】界面

(四)申报表审核

单击【税收遵从风险提示】后，单击【检查】按钮。

(五)申报表发送

申报表通过校验后单击【申报表发送】，选择需要发送的申报表，单击【申报表发送】按钮后，依次单击【确定】。相关操作界面如图 5-39 所示。

图 5-39 【申报表发送】界面

(六)申报查询

单击【申报查询】。相关操作界面如图 5-40 所示。

图 5-40 【申报查询】界面

注：纳税人在汇算清缴期内发现当年企业所得税申报有误的，可在汇算清缴期内重新办理企业所得税年度纳税申报。此时，必须重新填报企业所得税纳税申报表，到主管税务机关征收前台进行更正申报。

(七)评分

单击【评分】后，显示结果，单击【确定】。相关操作界面如图 5-41、图 5-42 所示。

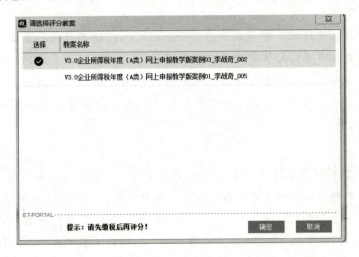

图 5-41　【评分】界面

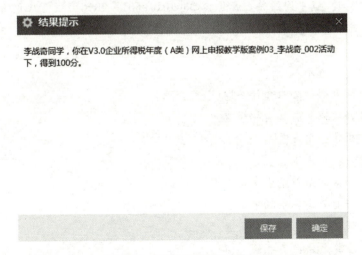

图 5-42　【评分结果提示】界面

【本章小结】

企业所得税是指国家对我国境内的企业和其他取得收入的组织，就其在一定期间的生产经营所得和其他所得而征收的一种税。企业所得税是以企业为纳税人，我国企业所得税法采用注册地和实际管理机构所在地的双重标准，按照纳税义务的不同，将纳税人分为居民纳税人和非居民纳税人。企业所得税的征税对象包括生产经营所得、其他所得和清算所得。

企业所得税按年计征，分月或者分季度预缴，年终汇算清缴，多退少补。税务机关根据纳税义务人自身情况不同确定其税款缴纳方式，分别为查账征收企业所得税和核定征收企业所得税。其中查账征收企业所得税较为复杂，企业所得税查账征收年度汇算清缴系统共有申报表 43 张，纳税义务人可根据自身经营情况的不同选择申报表填报。

【练习题】

1. 衡信教育科技有限公司成立于 2009 年 1 月 1 日，属于增值税一般纳税人，税务机关核定的企业所得税征收方式为查账征收，按照实际利润预缴方式预缴企业所得税。其他基本信息如下：非汇总纳税企业，无分支机构，非境外中资控股居民企业，注册资本 500 万元，所属行业：8 291 职业技能培训，无境外关联交易。资产总额 10 000 万元，从业人数 1 000 人（无残疾人员、无国家鼓励安置的其他就业人员）。

股东信息：周凯（中国国籍，身份证 330101196011120101）投资比例 60%；李雅欣（中国国籍，身份证 330101196505065233）投资比例 40%。公司适用的所得税税率为 25%。

会计主管：方易元

适用的会计准则：企业会计准则（一般企业）

会计档案存放地：浙江省杭州市

会计核算软件：用友

记账本位币：人民币

会计政策和估计是否发生变化：否

固定资产折旧方法：年限平均法

存货成本计价方法：先进先出法

坏账损失核算方法：备抵法

所得税计算方法：资产负债表债务法（企业会计准则要求对企业所得税采用资产负债表债务法进行核算）

按税收规定比例扣除的职工教育经费 2.5%、广告费和业务宣传费 15% 实训假定 2017 年 5 月 1 日进行企业所得税汇算清缴，已经预缴所得税额 0，相关利润表见表 5-11。

表 5-11 利润表

编制单位：衡信教育科技有限公司　　　　2016 年 12 月 31 日　　　　单位：万元

项　目	行次	本年累计数
一、主营业务收入	1	8 200.00
减：主营业务成本	2	4 576.00
主营业务税金及附加	3	205.00
营业费用	4	1 010.00
管理费用	5	1 250.00
财务费用	6	102.00
资产减值损失	7	50.00
加：公允价值变动损益（亏损以"—"号填列）	8	20.00
投资收益（亏损以"—"号填列）	9	105.00
其中：对联营企业和合营企业的投资收益	10	0.00
二、营业利润（亏损以"—"号填列）	11	1 132.00
加：营业外收入	12	54.60
减：营业外支出	13	39.00
三、利润总额（亏损以"—"号填列）	14	1 147.60
减：所得税费用	15	0.00
四、净利润（净亏损以"—"号填列）	16	1 147.60
五、每股收益	17	0.00
（一）基本每股收益	18	
（二）稀释每股收益	19	

具体明细资料如下（金额单位统一为万元）：

(1)企业收入明细(表5-12)

表5-12 企业收入明细

一级科目	明细科目	金额	备注
主营业务收入	销售商品收入	6 800.00	
	提供劳务收入	600.00	
	让渡资产使用权收入	800.00	
营业外收入	非货币性资产交换利得	40.00	
	债务重组利得	2.60	
	政府补助利得	12.00	

(2)成本支出明细(表5-13)

表5-13 成本支出明细

一级科目	明细科目	金额	备注
主营业务成本	销售产品成本	4 156.00	
	提供劳务成本	420.00	
营业外支出	罚没支出	9.00	工商滞纳金3万元,合同违约金6万元
	其他	30.00	给购货方回扣12万元,环境保护支出8万元,关联企业赞助支出10万元

(3)期间费用明细(表5-14)

表5-14 期间费用明细

一级科目	明细科目	金额	备注
销售费用	职工薪酬	302.14	
	广告费	707.86	
管理费用	职工薪酬	697 386	
	资产折旧摊销额	58.86	
	其他	493.28	
财务费用	佣金和手续费	0.90	
	利息支出	0.50	
	现金折扣	92.60	
	其他	8.00	

（4）境外所得纳税调整项目（表5-15）

表5-15　境外所得纳税调整项目

国家	境外税后所得（财产转让所得）	境外所得税率	境外所得换算含税所得	境外直接缴纳的所得税额（可抵免税额）	可抵免限额
美国	78.00	35％	120.00	42.00	30.00

（5）视同销售纳税调整项目（表5-16）

表5-16　视同销售纳税调整项目

业务项目	金额	备注
用于职工奖励或福利视同销售收入	6.50	将自产产品作为员工福利成本4万元，市场价格6.5万元，未作收入处理
用于职工奖励或福利视同销售成本	4.00	

（6）免税收入（表5-17）

表5-17　免税收入

收入类型	金额	备注
国债利息收入	50.00	
股息（居民企业）	55.00	公司收到直接投资的A企业于2016-12-22决定进行利润分配的股息55万元

（7）资产折旧/摊销情况（表5-18）（备注：企业本年度不享受固定资产加速折旧）

表5-18　资产折旧/摊销情况

资产项目	会计				税法			
	原值	折旧年限	本年折旧、摊销	累计折旧、摊销	原值	折旧年限	本年折旧、摊销	累计折旧、摊销
生产专用器具	155.00	10	15.50	62.00	105.00	10	10.50	42.00
办公电子设备等	100.00	6	15.83	79.15	100.00	5	19.00	79.00
专利权	413.00	15	27.53	110.02	619.50（413×150％）	15	41.30	165.20

(8)广告费费用调整明细(表5-19)

表5-19　广告费费用调整明细

项目	会计	税法	调整	备注
广告费	707.86			

(9)职工薪酬调整明细(表5-20)

表5-20　职工薪酬调整明细

项目	会计	调整	备注
职工薪酬	1 000.00	0.00	
职工福利费	210.00	70.00	工资14%允许扣除
职工教育经费	40.00	15.00	工资2.5%允许扣除,超支部分可在以后年度无限结转
工会经费	20.00	0.00	工资2%允许扣除

(10)其他纳税调整项目(表5-21)

表5-21　其他纳税调整项目

项目类别	金额	备注
公允价值变动损益	20.00	投资性房地产在14年度的公允价值变动金额
罚金、罚款	3.00	工商滞纳金3万元(不予扣除)
赞助支出	10.00	关联企业赞助支出10万元(不予扣除)
与取得收入无关的支出	12.00	给购货方回扣12万元(不予扣除)
资产减值准备金	50.00	计提坏账准备20万元,存货跌价准备30万元

(11)企业所得税弥补亏损明细表(表5-22)

表5-22　企业所得税弥补亏损明细表

年度	盈利额或亏损额	备注
2010	8.60	
2012	2.50	
2013	12.00	
2014	36.00	
2015	10.32	

2. 衡信教育科技有限公司属于增值税一般纳税人，税务机关核定企业所得税征收方式为查账征收，按照实际利润预缴方式预缴企业所得税。资产总额为850万元，企业员工60人。企业财务执行新会计准则，非汇总企业，无分支机构。公司为小型微利企业。

假定2017年7月15日进行第二季度企业所得税申报，相关资料如下：

2017年6月利润表（表5-23）：

表 5-23　利润表

编制单位：衡信教育科技有限公司　　　　　　2017年6月30日　　　　　　　单位：元

项目	行次	本期数	本年累计数
一、营业收入	1	572 300.00	4 856 000.00
减：营业成本	2	293 100.00	248 000.00
营业税金及附加	3	7 600.00	46 900.00
营业费用	4	125 700.00	703 200.00
管理费用	5	116 700.00	596 700.00
财务费用	6	16 200.00	95 200.00
资产减值损失	7	0.00	0.00
加：公允价值变动损益（亏损以"—"填列）	8	0.00	0.00
投资收益（亏损以"—"填列）	9	150 000.00	150 000.00
其中：对联营企业和合营企业的投资收益	10	0.00	0.00
二、营业利润（亏损以"—"填列）	11	163 000.00	316 000.00
加：营业外收入	12	0.00	15 200.00
减：营业外支出	13	0.00	35 000.00
三、利润总额（亏损以"—"填列）	14	163 000.00	296 200.00
减：所得税费用	15		14 620.00
四、净利润（净亏损以"—"填列）	16		281 580.00
五、每股收益	17		
（一）基本每股收益	18		
（二）稀释每股收益	19		

其中，投资收益150 000.00元，为公司投资A企业（非上市居民企业）获得的股利。

2017 年 3 月 31 日利润表(表 5-24):

表 5-24　利润表

编制单位：衡信教育科技有限公司　　　　2017 年 3 月 31 日　　　　　　单位：元

项目	行次	本期数	本年累计数
一、营业收入	1	878 000.00	1 689 000.00
减：营业成本	2	491 600.00	1 004 600.00
营业税金及附加	3	13 100.00	23 100.00
营业费用	4	180 300.00	336 800.00
管理费用	5	156 000.00	228 200.00
财务费用	6	5 000.00	25 000.00
资产减值损失	7	0.00	0.00
加：公允价值变动损益(亏损以"—"填列)	8	0.00	0.00
投资收益(亏损以"—"填列)	9	0.00	0.00
其中：对联营企业和合营企业的投资收益	10		
二、营业利润(亏损以"—"填列)	11	32 000.00	71 300.00
加：营业外收入	12	0.00	15 200.00
减：营业外支出	13	35 000.00	35 000.00
三、利润总额(亏损以"—"填列)	14	−3 000.00	51 500.00
减：所得税费用	15		5 150.00
四、净利润(净亏损以"—"填列)	16		43 650.00
五、每股收益	17		
(一)基本每股收益	18		
(二)稀释每股收益	19		

3. 江南制造有限公司是 A 市所属以提供加工修理修配为主营业务的私营企业，2015 年全年平均从业人数 100 人，资产总额 1 200 万元。

该企业虽设置账簿，但无专职财务人员管理公司账目，导致账目混乱、成本资料、费用凭证残缺不全，税局人员难以查账征收企业税费，但该企业负责人表明能够准确提供销货发票凭证并能够提供当期银行进账单，税务机关出具的企业所得税核定征收鉴定表中注明该企业实行按收入总额核定应纳税所得额，税务机关参照制造行业的应税所得率及企业实际经营规模确定其应税所得率为 9%，企业可在纳税申报期内根据当期的收入总额与应税所得率计算当期应纳税所得额，从而及时填制企业所得税年度纳税申报表，进行纳税申报工作。企业财务执行新会计准则，非汇总企业，无分支机构，按25%的税率缴纳企业所得税。

该企业按季度预缴税款，年度终了后五个月内汇算清缴，多退少补。所得税纳税年度申报的税款所属期限为2015年。请根据综上所述业务资料结合附表资料进行该企业2015年企业所得税年度申报表(B类)填制申报工作。

(1)2016年1月，该企业进行企税汇算清缴时，发现2015年12月发生的一笔为个人提供修理机器设备的30 000.00元业务收入漏报。(不考虑增值税影响)

(2)2015年第四季度的纳税申报表如表5-25。

表5-25　中华人民共和国企业所得税月(季)度纳税申报表(B类，2015年版)

税款所属期间：2015年10月01日至2015年12月31日

纳税人识别号：123456789012345

纳税人名称：××制造有限公司　　　　　　　　　金额单位：人民币元(列至角分)

项　　目			行次	累计金额
一、以下由按应税所得率计算应纳税所得额的企业填报				
应纳税所得额的计算	按收入总额核定应纳税所得额	收入总额	1	5 069 300.00
		减：不征税收入	2	
		免税收入	3	
		应税收入额(1−2−3)	4	5 069 300.00
		税务机关核定的应税所得率(%)	5	9.00%
		应纳税所得额(4×5)	6	456 237.00
	按成本费用核定应纳税所得额	成本费用总额	7	
		税务机关核定的应税所得率(%)	8	
		应纳税所得额[7÷(1−8)×8]	9	
应纳税所得额的计算		税率(25%)	10	25%
		应纳所得税额(6×10 或 9×10)	11	114 059.25
应补(退)所得税额的计算		减：符合条件的小型微利企业减免所得税额	12	
		已预缴所得税额	13	96 950.30
		应补(退)所得税额(11−12)	14	17 108.95
二、以下由税务机关核定应纳所得税额的企业填报				
税务机关核定应纳所得税额			15	

续表

项　目	行次	累计金额
谨声明：此纳税申报表是根据《中华人民共和国企业所得税法》《中华人民共和国企业所得税法实施条例》和国家有关税收规定填报的，是真实的、可靠的、完整的。 　　　　　　　　　　　　　　法定代表人(签字)：　　　　年　月　日		
纳税人公章：　　　　　　代理申报中介机构公章：　　　　主管税务机关受理专用章： 　　　　　　　　　　　　经办人： 会计主管：　　　　　　　经办人执业证件号码：　　　　　受理人： 填报日期：　年 月 日　代理申报日期：　年 月 日　受理日期：　年 月 日		

第六章　个人所得税纳税申报原理与实训

【学习目标】

1. 了解个人所得税纳税人；

2. 熟悉个人所得税的征税范围、税收优惠、税率；

3. 掌握个人所得税应纳税所得额和应纳税额的计算及个人所得税的网上申报与缴纳。

第一节　个人所得税纳税原理

一、个人所得税的概念

个人所得税是以自然人取得的各类应税所得为征税对象而征收的一种所得税。

二、纳税义务人

个人所得税的纳税人是指中国境内有住所，或者虽无住所但在境内居住满 1 年，以及无住所又不居住或居住不满 1 年但从中国境内取得所得的个人。包括中国公民、个体工商业户、在中国有所得的外籍人员以及港澳台同胞等。个人所得税纳税人根据"住所和居住时间"两个标准可划分为居民纳税人和非居民纳税人（表 6-1）。

表 6-1　个人所得税纳税义务人

纳税义务人	判定标准	征税对象范围
居民纳税人 （无限纳税义务）	1. 在中国境内有住所的个人 2. 在中国境内无住所，而在中国境内居住满一年的个人	境内所得 境外所得
非居民纳税人 （有限纳税义务）	1. 在中国境内无住所且不居住的个人 2. 在中国境内无住所且居住不满一年的个人	境内所得

我国税法中将"在中国境内有住所的个人"界定为：因户籍、家庭、经济利益关系而在中国境内习惯性居住的个人。"居住时间满一年"是指一个纳税年度内在中国境内住满 365 日，达到标准的个人即为居民纳税人。在居住期间内临时离境，即在一个纳税年度中一次离境不超过 30 日或多次离境累计不超过 90 日的，不扣减日数，连续计算。

147

　　我国税法规定的住所标准和居住时间标准，是判断居民身份的两个并列标准，个人只要符合或达到其中任何一个标准就可以被认定为居民纳税人。

三、所得来源地的确定

　　下列所得，不论支付地点是否在中国境内，均为来源于中国境内的所得：

　　(1)因任职、受雇、履约等而在中国境内提供劳务取得的所得；

　　(2)将财产出租给承租人在中国境内使用而取得的所得；

　　(3)转让中国境内的建筑物、土地使用权等财产或者在中国境内转让其他财产取得的所得；

　　(4)许可各种特许权在中国境内使用而取得的所得；

　　(5)从中国境内的公司、企业以及其他经济组织或者个人取得的利息、股息、红利所得。

四、征税范围

　　下列各项个人所得，应纳个人所得税：

　　(1)工资、薪金所得；

　　(2)个体工商户的生产、经营所得；

　　(3)对企事业单位的承包、承租经营所得；

　　(4)劳务报酬所得；

　　(5)稿酬所得；

　　(6)特许权使用费所得；

　　(7)利息、股息、红息所得；

　　(8)财产租赁所得；

　　(9)财产转让所得；

　　(10)偶然所得；

　　(11)经国务院、财政部门确定征税的其他所得。

五、减免税优惠

　　个人所得税的税收优惠方式主要有：免征个人所得税和减征个人所得税。

(一)免征个人所得税项目

　　根据《个人所得税法》和相关法规、政策，对下列各项个人所得，免征个人所得税：

(1)省级人民政府、国务院部委和中国人民解放军军以上单位，以及外国组织颁发的科学、教育、技术、文化、卫生、体育、环境保护等方面的奖金。

(2)国债和国家发行的金融债券利息。

(3)按国家统一规定发给的补贴、津贴。

(4)福利费、抚恤金、救济金。

(5)保险赔款。

(6)军人的转业费、复员费。

(7)离退休工资。

(8)驻华使馆、领事馆的人员免税。

(9)中国政府参加的国际公约以及签订的协议中规定免税的所得。

(10)政府或够条件的机构发放的见义勇为奖金。

(11)企业和个人按照省级以上人民政府规定的标准，以个人工资中的部分作为社会保险(住房、医疗、失业、养老)免税。

个人领取原提存的住房公积金、医疗保险金、基本养老保险金等社会保险时，免予征收个人所得税。

(12)外籍个人以非现金形式或实报实销形式取得的：

①住房补贴、伙食补贴、搬迁费、洗衣费。

②按合理标准取得的境内、外出差补贴。

③取得的探亲费、语言训练费、子女教育费等，经当地税务机关审核批准为合理的部分。其中探亲费，仅限于外籍个人在我国的受雇地与其家庭所在地(包括配偶或父母居住地)之间搭乘交通工具，且每年不超过两次的费用。

(13)个人举报、协查违法、犯罪而获得的奖金。

(14)个人办理代扣代缴税款的手续费。

(15)个人转让自用达5年以上并且是唯一的家庭居住用房取得的所得。

(16)达到离退休年龄，但确因工作需要，适当延长离退休年龄的高级专家，在延长离退休期间的工资、薪金所得，视同退休工资、离休工资免征个人所得税。

(17)外籍个人从外商投资企业取得的股息、红利所得。

(18)符合条件的外籍专家工资、薪金所得。

(19)股权分置改革中非流通股股东通过对价方式向流通股股东支付的股份、现金等收入，暂免征收流通股股东应缴纳的个人所得税。

(20)对被拆迁人按照国家有关城镇房屋拆迁管理办法规定的标准取得的拆迁补偿款，免征个人所得税。

(21)对保险营销员的佣金。保险营销员的佣金由展业成本和劳务报酬构成：①展业成本(佣金的40%)，免征个人所得税；②劳务报酬部分，扣除实际缴纳的税金及附加后，依照税法有关规定计算征收个人所得税。

(22)证券经纪人从证券公司取得的佣金收入：按照"劳务报酬所得"项目缴纳个人所得税；方法同上。

(23)个人从公开市场取得上市公司股票的股息红利所得，根据持股期限分别按全额(1个月以内)、减按50%(1个月至1年)、免税(1年以上)计入应纳税所得额。

(二)减征个人所得税的优惠

有下列情形之一的，经批准可以减征个人所得税：

(1)残疾、孤老人员和烈属的所得。

(2)因严重自然灾害造成重大损失的。

(3)其他经国务院财政部门批准减税的。

上述减税项目的减征幅度和期限，有省、自治区、直辖市人民政府规定。

对残疾人个人取得的劳动所得才适用减税规定，具体所得项目为：工资薪金所得、个体工商户的生产经营所得、对企事业单位的承包和承租经营所得、劳务报酬所得、稿酬所得和特许权使用费所得。

六、个人所得税税率与应纳税额的计算

个人所得税依照所得项目的不同，分别适用超额累进税率和比例税率。计算个人所得税应纳税额，首先要确定个人所得税应纳税所得额，根据所得项目的不同，相应的计税依据确定和费用扣除规定各有不同(表6-2)。

表6-2　个人所得税应纳税额计算

征税项目	计税依据和费用扣除	税率	计税方法	计税公式
工资、薪金所得	应纳税所得额＝月工薪收入－3 500元	七级超额累进税率(附表1)	按月计税	应纳税额＝应纳税所得额×适用税率－速算扣除数
	外籍、港澳台在华人员及其他特殊人员附加减除费用1 300元			

续表

征税项目	计税依据和费用扣除	税率	计税方法	计税公式
个体户生产经营所得	应纳税所得额＝全年收入总额－成本、费用以及损失	五级超额累进税率（附表2）	按年计算，分月缴纳	应纳税额＝应纳税所得额×适用税率－速算扣除数
对企事业单位承包承租经营所得	应纳税所得额＝纳税年度收入总额－必要费用（每月3 500元）		按年计算，分次缴纳	
劳务报酬所得	应纳税所得额＝每次收入额－800元。（每次收入≤4 000元）	20％比例税率	按次纳税特殊：①劳务报酬所得实行超额累进加征（附表3）；②稿酬所得减征30％；③个人出租居住用房减按10％计税	应纳税额＝应纳税所得额×20％特殊：①劳务报酬所得超额累进加征：应纳税额＝应纳税所得额×适用税率－速算扣除数②稿酬所得减征：应纳税额＝应纳税所得额×20％×（1－30％）
稿酬所得	应纳税所得额＝每次收入额×（1－20％）（每次收入＞4 000元）			
特许权使用费所得	其中财产租赁所得的应纳税所得额还可以以800元为限扣除修缮费用			
财产租赁所得				
财产转让所得	应纳税所得额＝转让收入－财产原值－合理费用			
利息、股息、红利所得	一般全额计税（有特殊规定的从其规定）			
偶然所得	按收入总额计税，不扣费用（例外：受赠房产所得可扣受赠税费）			
其他所得				

七、个人所得税的征收管理

(一)自行申报纳税

1. 自行申报纳税的具体情形和主要要求(表6-3)

表6-3　个人所得税自行申报情况及要求

需要自行申报的情况	主要要求
(1)年所得12万元以上的	无论取得的各项所得是否已足额缴纳个税，均应当于纳税年度终了后向主管税务机关办理纳税申报 (年所得12万元以上的纳税人不包括在中国境内无住所，且在一个纳税年度中在中国境内居住不满1年的个人)

续表

需要自行申报的情况	主要要求
(2)从中国境内两处或者两处以上取得工资、薪金所得的 (3)从中国境外取得所得的 (4)取得应税所得，没有扣缴义务人的	均应当于取得所得后向主管税务机关办理纳税申报。(从中国境外取得所得的纳税人，是指在中国境内有住所，或者无住所而在一个纳税年度中在中国境内居住满1年的个人)
(5)国务院规定的其他情形	其纳税申报办法根据具体情形另行规定

2. 自行申报纳税的纳税期限(表 6-4)

表 6-4　个人所得税自行申报情况及要求

纳税人情况		纳税期限	
年所得 12 万元以上的纳税人		年度终了 3 个月内向主管税务机关办理纳税申报	
个体户	账册健全	次月 15 日内预缴	年度终了后 3 个月内汇算清缴，多退少补
	账册不健全	各地税务机关依照《征管法》及其实施细则的有关规定确定	
承包承租	年终一次取得收入	取得收入之日起 30 日内申报纳税	
	年内分次取得收入	取得每次所得后的 15 日内申报预缴	年度终了后 3 个月内汇算清缴，多退少补
境外所得		年度终了后 30 日内向中国主管税务机关申报纳税	
个人独资企业和合伙企业	按年计算，分月或季预缴	每月或每季度终了后 15 日内预缴	年度终了后 3 个月内汇算清缴，多退少补
	年度中间合并、分立、终止	在停止生产经营之日起 60 日内，向主管税务机关办理个人所得税汇算清缴。以其实际经营期为一个纳税年度	
	年度中间开业	以其实际经营期为一个纳税年度	

(二)代扣代缴

代扣代缴是指按照税法规定负有扣缴义务的单位或个人，在向个人支付应纳税所得时，应计算应纳税额，从其所得中扣除并缴入国库，同时向税务机关报送扣缴个人所得税报告表。

1. 扣缴义务人

凡支付个人应纳税所得的企业(公司)、事业单位、机关、社团组织、军队、驻华机构、个体户等单位或个人，为个人所得税的扣缴义务人。

2. 代扣代缴的范围

代扣代缴的范围主要包括个人所得税法中的工资薪金所得、对企事业单位承包经营承租经营所得、劳务报酬所得、稿酬所得、特许权使用费所得、利息股息红利所得、财产租赁所得、财产转让所得、偶然所得、经国务院和财政部批准征税的其他所得。

3. 代扣代缴期限

扣缴义务人每月所扣的税款，应当在次月 15 日内缴入国库。

(三)核定征收

(1)任何地区均不得对律师事务所，不允许全行业核定征收。

(2)对核定征税的律师事务所，根据当地同行业的盈利水平从高核定其应税所得率，不得低于 25％。

(3)合伙人律师应纳个人所得税的规定：

①律师事务所支付给雇员的所得(含律师及行政辅助人员，但不包括律师事务所的投资者)、兼职律师从律师事务所取得：按工资、薪金性质的所得；

②律师以个人名义再聘请其他人员为其工作而支付的报酬：按劳务报酬；

③合伙人律师：按个体工商户的生产经营所得。

(4)会计师事务所、税务师事务所、审计师事务所以及其他中介机构的个人所得税征收管理，也应按照上述律师事务所有关原则进行处理。

(四)个人财产对外转移提交税收证明或完税凭证的规定

申请人拟转移的财产已取得完税凭证的，可直接向外汇管理部门提供完税凭证，不需向税务机关另外申请税收证明。

申请人拟转移的财产总价值在人民币 15 万元以下的，可不需向税务机关申请税收证明。

第二节　个人所得税纳税申报流程

个人所得税网上申报系统包括"个人所得税代扣代缴申报实训系统""个人所得税自主申报辅助实训系统"和"个人所得税生产经营所得申报实训系统"三个子模块。本节主要以个人所得税代扣代缴申报实训系统为例来介绍个人所得税纳税申报流程。个人所得税纳税申报流程如图 6-1 所示。

图 6-1　个人所得税代扣代缴纳税申报流程图

一、系统登录

申报期内，登录网上申报系统主页，单击【个税】，选择【个人所得税代扣代缴申报实训系统】，修改税款所属期。相关操作界面如图 6-2、图 6-3 所示。

图 6-2 【个人所得税代扣代缴纳税申报实训系统】界面

图 6-3 【选择税款所属期】界面

二、申报表填写

先单击【设置中心】选择报表模式，然后单击【人员登记】，对企业人员进行相关信息采集，最后在管理表单中选择相应的报表填写。相关操作界面如图 6-4 至图 6-7 所示。

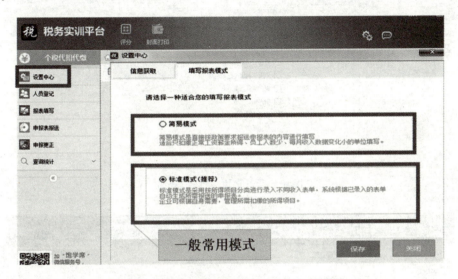

图 6-4 【设置中心－选择填写报表模式】界面

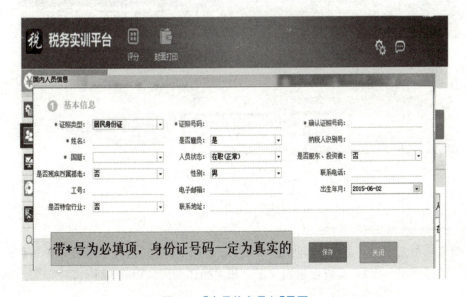

图 6-5 【人员信息录入】界面

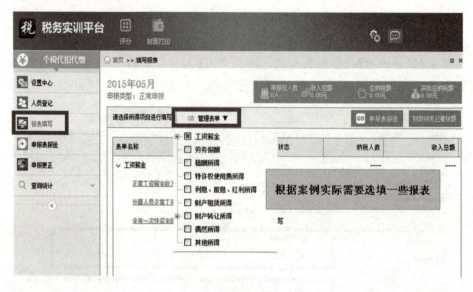

图 6-6 【管理表单选择】界面

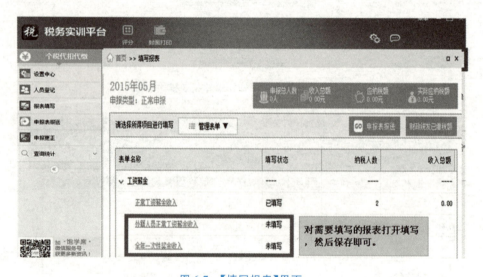

图 6-7 【填写报表】界面

三、申报表发送

报表填写完成后，处于"未报送"的状态。选中需要发送的申报表，单击【发送申报】，选择【网络申报】，完成申报表发送。相关操作界面如图 6-8 所示。

图 6-8　【申报表发送】界面

四、获取反馈

单击【获取反馈】，选择【网络反馈】，显示网络反馈结果，获取申报反馈操作完成。相关操作界面如图 6-9 所示。

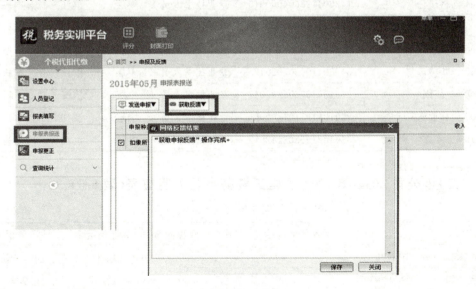

图 6-9　【获取反馈】界面

五、网上缴税

获取申报反馈后，单击【首页】显示当前申报状态。单击【网上缴税】，显示"缴款信息"对话框，核对金额，单击【缴税】。

第三节　个人所得税纳税申报实训案例

一、实训案例资料

（一）纳税人及扣缴义务单位基本信息（表6-5）

公司名称：浙江衡信教育科技有限公司　电话：0571－56688101　邮编：330000
公司地址：浙江省杭州市滨江区南环路3738号

表6-5　纳税人及扣缴义务单位基本信息

工号	姓名	性别	身份证号	职业	职务	户籍	学历
0001	何天仁	男	370101196911080017	专业技术人员	中层	滨江	本科
0002	陈体国	男	370101195609290019	专业技术人员	中层	滨江	本科
0003	伊晟	男	46010119850715007X	专业技术人员	中层	滨江	本科
0004	赵瑞伟	男	142601198604050016	专业技术人员	中层	滨江	本科
0005	肖智	男	230101198005040054	专业技术人员	中层	滨江	本科
0006	杨李	男	23010119830619003X	专业技术人员	中层	滨江	本科
0007	叶美珍	女	340801196307020125	专业技术人员	中层	滨江	本科
0008	薛娟	女	230101197605230017	专业技术人员	中层	滨江	本科
0009	林如海	男	230101197404150096	专业技术人员	中层	滨江	本科
0010	张霆	男	350402195202142013	专业技术人员	中层	滨江	本科

（二）该公司2017年12月正常工资薪金收入明细表（表6-6）

表6-6　正常工资薪金收入明细表　　　　　　　　　　　　单位：元

姓名	应发工资	基本养老保险金	基本医疗保险金	失业保险金	住房公积金
何天仁	10 000.00	144.00	36.00	18.00	300.00
陈体国	8 000.00	144.00	36.00	18.00	600.00

续表

姓名	应发工资	基本养老保险金	基本医疗保险金	失业保险金	住房公积金
伊　晟	15 896.00	186.00	72.00	52.00	800.00
赵瑞伟	12 563.21	144.00	72.00	52.00	800.00
肖　智	5 968.00	144.00	36.00	18.00	300.00
杨　李	9 861.36	144.00	36.00	18.00	300.00
叶美珍	3 420.00	144.00	36.00	18.00	300.00
薛　娟	4 310.25	144.00	36.00	18.00	300.00
林如海	56 930.09	360.00	150.00	72.00	1 440.00
张　霆	4 692.30	144.00	36.00	18.00	300.00

(三)全年一次性奖金收入明细表(表6-7)

表6-7　全年一次性奖金收入明细表　　　　　　　　单位：元

姓名	年终奖	备注
何天仁	9 600.00	
陈体国	16 050.00	
伊　晟	13 520.00	
赵瑞伟	12 531.00	
肖　智	160 000.00	
杨　李	189 532.00	
叶美珍	8 000.00	

　　根据以上案例资料中的纳税申报数据形成纳税申报表依次保存，按照申报流程进行个人所得税代扣代缴的纳税申报。

二、实训案例分析

　　根据案例资料，计算本期企业代扣代缴员工个人所得税应纳税额如下：

(一)何天仁

　　本期正常工资薪金收入应纳税所得额＝10 000.00－144.00－36.00－18.00－300.00－3 500.00＝6 002.00(元)

　　本期正常工资薪金收入应纳税额＝6 002.00×20%－555.00＝645.40(元)

本期全年一次性奖金收入应纳税额＝9 600.00×3％＝288.00(元)

(二)陈体国

本期正常工资薪金收入应纳税所得额＝8 000.00－144.00－36.00－18.00－600.00－3 500.00＝3 702.00(元)

本期正常工资薪金收入应纳税额＝3 702.00×10％－105.00＝265.20(元)

本期全年一次性奖金收入应纳税额＝16 050.00×3％＝481.50(元)

(三)伊晟

本期正常工资薪金收入应纳税所得额＝15 896.00－186.00－72.00－52.00－800.00－3 500.00＝11 286.00(元)

本期正常工资薪金收入应纳税额＝11 286.00×25％－1 005.00＝1 816.50(元)

本期全年一次性奖金收入应纳税额＝13 520.00×3％＝405.60(元)

(四)赵瑞伟

本期正常工资薪金收入应纳税所得额＝12 563.21－144.00－72.00－52.00－800.00－3 500.00＝7 995.21(元)

本期正常工资薪金收入应纳税额＝7 995.21×20％－555.00＝1 044.04(元)

本期全年一次性奖金收入应纳税额＝12 531.00×3％＝375.93(元)

(五)肖智

本期正常工资薪金收入应纳税所得额＝5 968.00－144.00－36.00－18.00－300.00－3 500.00＝1 970.00(元)

本期正常工资薪金收入应纳税额＝1 970.00×10％－105.00＝92.00(元)

本期全年一次性奖金收入应纳税额＝160 000.00×25％－1 005.00＝38 995.00(元)

(六)杨李

本期正常工资薪金收入应纳税所得额＝9 861.36－144.00－36.00－18.00－300.00－3 500.00＝5 863.36(元)

本期正常工资薪金收入应纳税额＝5 863.36×20％－555.00＝617.67(元)

本期全年一次性奖金收入应纳税额＝189 532.00×25％－1 005.00＝46 378.00(元)

(七)叶美珍

本期正常工资薪金收入应纳税所得额＝3 420.00－144.00－36.00－18.00－300.00＜3 500.00(元)

本期正常工资薪金收入应纳税额＝0(元)

本期全年一次性奖金收入应纳税额＝7 422.00×3％＝222.66(元)

(八)薛娟

本期正常工资薪金收入应纳税所得额＝4 310.25－144.00－36.00－18.00－300.00－3 500.00＝312.25(元)

本期正常工资薪金收入应纳税额＝312.25×3％＝9.37(元)

(九)林如海

本期正常工资薪金收入应纳税所得额＝56 930.09－360.00－150.00－72.00－1 440.00－3 500.00＝51 408.09(元)

本期正常工资薪金收入应纳税额＝51 408.09×30％－2 755.00＝12 667.43(元)

(十)张霆

本期正常工资薪金收入应纳税所得额＝4 692.30－144.00－36.00－18.00－300.00－3 500.00＝694.30(元)

本期正常工资薪金收入应纳税额＝694.30×3％＝20.83(元)

三、实训操作过程

(一)登录税务实训平台

单击【个税】，选择【个人所得税代扣代缴】后，将税款所属期修改为【2017 年 12 月】。相关操作界面如图 6-10、图 6-11 所示。

图 6-10　【个人所得税代扣代缴纳税申报实训系统】界面

图 6-11 【选择税款所属期】界面

(二)基础设置

单击【设置中心】，选择进行基础设置，本案须选择标准报表填写模式。相关操作界面如图 6-12、图 6-13 所示。

图 6-12 【设置中心—选择填写报表模式】界面

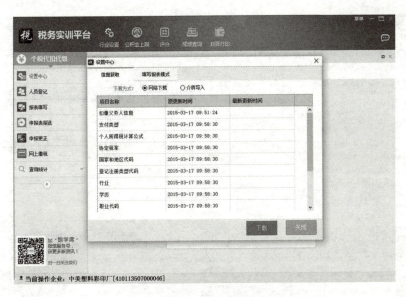

图 6-13　【设置中心－信息获取】界面

(三)信息采集

设置完毕后，开始纳税人信息采集。单击并打开【人员登记】，单击【添加】，根据实训资料录入相关人员信息并保存。相关操作界面如图 6-14 至图 6-16 所示。

图 6-14　【人员登记操作】界面

图 6-15 【人员信息录入】界面

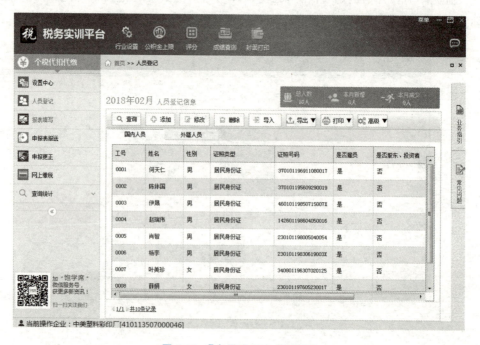

图 6-16 【人员登记完成】界面

注意：带＊号为必填项，身份证号码一定为真实的。纳税人信息录入完成后，单击菜单栏按钮可进行相应的"查询""修改"或"删除"操作。"导入"和"导出"按钮可以按照模板导入或导出纳税人信息。"高级"选项可以自定义选择所要填写的纳税人信息项。

（四）申报表填写

纳税人信息采集完成，进行申报表的填写。单击【报表填写】，选择【管理表单】下的【正常工资薪金收入】和【全年一次性奖金收入】。相关操作界面如图 6-17、图 6-18 所示。

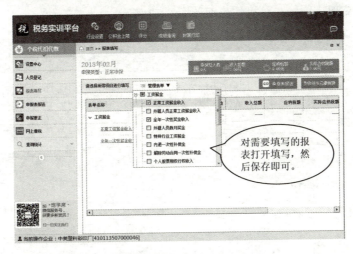

图 6-17　【报表填写－管理表单】界面

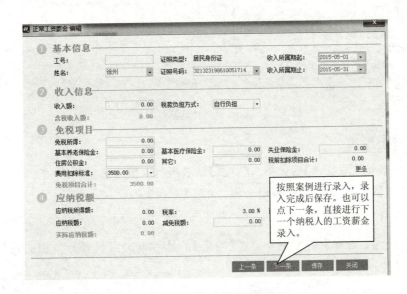

图 6-18　【报表填写】界面

在进行报表填写时可以采用三种形式：①复制历史数据：表示把以前已有的数据复制过来，针对有变化的数据做修改；②导入外部数据：从外部模板直接导入；③手工录入数据：表示没有历史数据且没有模板的，需要手工录入（实训时可采用手工录入）。

（五）申报表报送

申报表填写完成后，单击【申报表报送】，报表状态处于"未报送"状态，核对纳税人数（10人）、收入总额（540 874.21元）、实际应纳税额（104 325.13元），无误则单击【发送申报】并获取反馈，相关操作界面如图6-19所示。

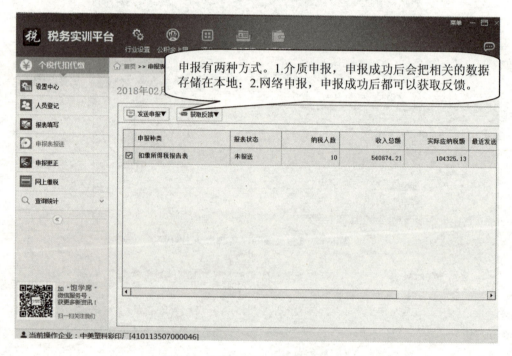

图6-19 【发送申报—获取反馈】界面

（六）网上缴税

【发送申报—获取反馈】后，单击【首页】显示当前申报状态（图6-20）。单击【网上缴税】，显示"缴款信息"对话框，核对金额，单击【缴税】。

（七）评分

单击【评分】，选择对应案例，单击【确定】，显示本次实训得分。相关操作界面如图6-21所示。

图 6-20　【查看申报状态】界面

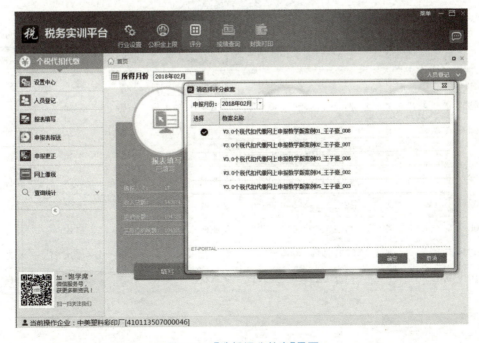

图 6-21　【选择评分教案】界面

【本章小结】

个人所得税是以自然人取得的各类应税所得为征税对象而征收的一种所得税。个人所得税的纳税人是指中国境内有住所，或者虽无住所但在境内居住满1年，以及无住所又不居住或居住不满1年但从中国境内取得所得的个人。包括中国公民、个体工商业户、在中国有所得的外籍人员以及港澳台同胞等。个人所得税纳税人根据"住所和居住时间"两个标准可划分为居民纳税人和非居民纳税人。在计算应纳税额时，首先依照不同所得项目确定计税依据和费用扣除额，计算个人所得税应纳税所得额，然后确定适用税率进行应纳税额的计算。个人所得税的税收优惠方式主要有免征个人所得税和减征个人所得税。纳税申报流程是：系统登录、申报表填写、申报表发送、网上缴税。操作完成后，进行系统评分。

【练习题】

1. 根据以下提供的案例数据进行模拟的个税代扣代缴网上申报

(1)纳税人及扣缴义务单位基本信息(表6-8)

公司名称：浙江衡信教育科技有限公司　电话：0571-56688101　邮编：330000

公司地址：浙江省杭州市滨江区南环路3738号

表6-8　纳税人基本信息

工号	姓名	性别	身份证号	职业	职务	户籍	学历
0001	何天仁	男	370101196911080017	专业技术人员	中层	滨江	本科
0002	陈体国	男	370101195609290019	专业技术人员	中层	滨江	本科
0003	伊 晟	男	46010119850715007X	专业技术人员	中层	滨江	本科
0004	赵瑞伟	男	142601198604050016	专业技术人员	中层	滨江	本科
0005	肖 智	男	230101198005040054	专业技术人员	中层	滨江	本科
0006	黄 晋	男	430101196209080013	专业技术人员	中层	滨江	本科
0007	林元强	男	120101198606030016	专业技术人员	中层	滨江	本科
0008	曾跃辉	男	140101198201140093	专业技术人员	中层	滨江	本科
0009	杨 李	男	23010119830619003X	专业技术人员	中层	滨江	本科
0010	洪艺芳	女	340801197006010024	专业技术人员	中层	滨江	本科

（2）正常工资薪金收入明细表（表6-9）

表6-9　正常工资薪金收入明细表　　　　　单位：元

姓名	应发工资	基本养老保险金	基本医疗保险金	失业保险金	住房公积金
何天仁	10 000.00	268.00	106.00	108.00	1 120.60
陈体国	8 000.00	124.21	76.26	110.29	923.92
伊晟	15 896.56	286.58	269.21	296.56	1 350.36
赵瑞伟	12 563.21	136.25	149.30	253.60	986.30
肖智	5 968.96	263.21	187.52	126.30	700.00
黄晋	3 000.00	25.96	56.30	59.86	300.00
林元强	9 256.20	125.36	256.20	159.60	900.00
曾跃辉	5 630.26	569.30	458.59	254.91	1 200.00
杨李	12 560.25	256.36	258.12	124.69	1 400.00
洪艺芳	4 690.59	125.30	258.16	213.85	300.00

（3）解除劳动合同一次性补偿收入明细表（表6-10）

表6-10　解除劳动合同一次性补偿收入明细表　　　　　单位：元

姓名	补偿额	免征额	实际工作年限
伊晟	168 900.00	40 897.31	8
赵瑞伟	12 693.21	40 897.31	4
肖智	125 860.96	40 897.31	15
曾跃辉	52 631.95	40 897.31	2
杨李	96 812.59	40 897.31	8
洪艺芳	125 843.02	40 897.31	6

　　根据以上案例资料中的纳税申报数据形成纳税申报表依次保存，按照申报流程进行个人所得税代扣代缴的纳税申报。

　　2. 根据以下提供的案例数据进行模拟的个税代扣代缴网上申报

　　（1）纳税人及扣缴义务单位基本信息（表6-11）

　　公司名称：浙江衡信教育科技有限公司　　电话：0571-56688101　　邮编：330000

　　公司地址：浙江省杭州市滨江区南环路3738号

表 6-11 纳税人基本信息

工号	姓名	性别	身份证号	职业	职务	户籍	学历
0010	洪艺芳	女	340801197006010024	专业技术人员	中层	滨江	本科
0011	叶美珍	女	340801196307020125	专业技术人员	中层	滨江	本科
0012	林 芳	女	340801198201250087	专业技术人员	中层	滨江	本科
0013	陈小勇	男	230101197605230017	专业技术人员	中层	滨江	本科
0014	吴若泉	男	350402195408110017	专业技术人员	中层	滨江	本科
0015	林如海	男	350402195202142013	专业技术人员	中层	滨江	本科
0016	伊 晟	男	46010119850715007X	专业技术人员	中层	滨江	本科
0017	赵瑞伟	男	142601198604050016	专业技术人员	中层	滨江	本科
0018	肖 智	男	230101198005040054	专业技术人员	中层	滨江	本科
0019	杨 李	男	23010119830619003X	专业技术人员	中层	滨江	本科
0020	张 霆	男	130432198912261720	专业技术人员	中层	滨江	本科

(2)非工资薪金收入明细表(表 6-12)

表 6-12 非工资薪金收入明细表   单位：元

姓名	所得项目	收入额	实际捐赠额	准予扣除的捐赠额	允许扣除的税费
洪艺芳	劳务报酬所得	126 930.56	2 300.25	2 300.25	0.00
叶美珍	劳务报酬所得	10 596.42	0.00	0.00	0.00
林 芳	稿酬所得	8 692.69	1 200.00	1 200.00	0.00
陈小勇	稿酬所得	3 600.00	0.00	0.00	0.00
吴若泉	特许权使用费所得	25 6300.00	3 600.00	3 600.00	6 896.51
林如海	特许权使用费所得	123 860.21	3 600.00	3 600.00	3 600.23
伊 晟	稿酬所得	259 030.26	5 600.00	5 600.00	0.00
赵瑞伟	特许权使用费所得	12 302.96	4 800.00	2 628.71	1 350.00
肖 智	劳务报酬所得	96 050.36	2 500.00	2 500.00	0.00

（3）工资薪金收入明细表（表6-13）

表6-13　工资薪金收入明细表　　　　　　　　单位：元

姓名	应发工资	基本养老保险金	基本医疗保险金	失业保险金	住房公积金
杨李	10 000.00	144.00	36.00	180.00	300.00
张霆	8 000.00	144.00	36.00	180.00	600.00

根据以上案例资料中的纳税申报数据形成纳税申报表依次保存，按照申报流程进行个人所得税代扣代缴的纳税申报。

3. 根据以下提供的案例数据进行模拟的个税代扣代缴网上申报

（1）纳税人及扣缴义务单位基本信息（表6-14）

公司名称：浙江衡信教育科技有限公司　电话：0571-56688101　邮编：330000

公司地址：浙江省杭州市滨江区南环路3738号

表6-14　纳税人基本信息

工号	姓名	性别	身份证号	职业	职务	户籍	学历
0020	丁细平	男	460101196607080014	专业技术人员	中层	滨江	本科
0021	许智平	男	120101198108090016	专业技术人员	中层	滨江	本科
0022	林元强	男	120101198606030016	专业技术人员	中层	滨江	本科
0023	詹光曹	男	130201198502280034	专业技术人员	中层	滨江	本科
0024	苏上贵	男	130534199210190326	专业技术人员	中层	滨江	本科
0025	曾跃辉	男	130183199001261701	专业技术人员	中层	滨江	本科
0026	林芳	女	340801198201250087	专业技术人员	中层	滨江	本科
0027	陈小勇	男	230101197605230017	专业技术人员	中层	滨江	本科
0028	吴若泉	男	350402195202142013	专业技术人员	中层	滨江	本科
0029	林如海	男	230101197404150096	专业技术人员	中层	滨江	本科

（2）收入明细表（表6-15）

表6-15　收入明细表　　　　　　　　单位：元

姓名	所得项目	收入额	实际捐赠额	准予扣除捐赠额	允许扣除税费
丁细平	利息股息红利所得	10 093.26	3 200.00	3 027.98	0.00
许智平	利息股息红利所得	6 930.26	1 500.00	1 500.00	0.00
林元强	财产转让所得	526 930.00	162 500.00	150 371.10	25 693.00

续表

姓名	所得项目	收入额	实际捐赠额	准予扣除捐赠额	允许扣除税费
詹光曹	财产租赁所得	5 300.00	0.00	0.00	2 560.00
苏上贵	财产租赁所得	3 500.00	0.00	0.00	600.00
曾跃辉	财产转让所得	256 930.00	7 300.00	7 300.00	1 236.00
林 芳	财产转让所得	12 690.00	1 650.00	1 650.00	2 360.00
陈小勇	偶然所得	125 000.00	38 000.00	37 500.00	0.00
吴若泉	偶然所得	20 000.00	6 230.69	6 000.00	0.00
林如海	利息股息红利所得	569.21	0.00	0.00	0.00

根据以上案例资料中的纳税申报数据形成纳税申报表依次保存，按照申报流程进行个人所得税代扣代缴的纳税申报。

附 录

附表1　工资、薪金所得适用

级数	全月应纳税所得额		税率(%)	速算扣除数(元)
	含税级距	不含税级距		
1	不超过1 500元的	不超过1 455元的	3	0
2	超过1 500元至4 500元的部分	超过1 455元至4 155元的部分	10	105
3	超过4 500元至9 000元的部分	超过4 155元至7 755元的部分	20	555
4	超过9 000元至35 000元的部分	超过7 755元至27 255元的部分	25	1 005
5	超过35 000元至55 000元的部分	超过27 255元至41 255元的部分	30	2 755
6	超过55 000元至80 000元的部分	超过41 255元至57 505元的部分	35	5 505
7	超过80 000元的部分	超过57 505元的部分	45	13 505

附表2　个体工商户的生产经营所得和对企事业单位的承包经营、承租经营所得适用

级数	全年应纳税所得额		税率(%)	速算扣除数(元)
	含税级距	不含税级距		
1	不超过15 000元的	不超过14 250元的	5	0
2	超过15 000元至30 000元的部分	超过14 250元至27 750元的部分	10	750
3	超过30 000元至60 000元的部分	超过27 750元至51 750元的部分	20	3 750
4	超过60 000元至100 000元的部分	超过51 750元至79 750元的部分	30	9 750
5	超过100 000元的部分	超过79 750元的部分	35	14 750

附表3　对劳务报酬所得一次收入畸高者加成征收适用

级数	全年应纳税所得额		税率(%)	速算扣除数(元)
	含税级距	不含税级距		
1	不超过20 000元的	不超过16 000元的	20	0
2	超过20 000元至50 000元的部分	超过16 000元至37 000元的部分	30	2 000
3	超过50 000元的部分	超过37 000元的部分	40	7 000

附表 4　消费税的税目及税率

税目	税率
一、烟	
1. 卷烟	
（1）甲类卷烟（生产、进口或委托加工环节）	56％加 0.003 元/支
（2）乙类卷烟（生产、进口或委托加工环节）	36％加 0.003 元/支
（3）批发环节	11％加 0.005 元/支
2. 雪茄烟	36％
3. 烟丝	30％
二、酒	
1. 白酒	20％加 0.5 元/500 克（或 500 毫升）
2. 黄酒	240 元/吨
3. 啤酒	
（1）甲类啤酒	250 元/吨
（2）乙类啤酒	220 元/吨
4. 其他酒	10％
三、高档化妆品	15％
四、贵重首饰及珠宝玉石	
1. 金银首饰、铂金首饰和钻石及钻石饰品	5％
2. 其他贵重首饰盒珠宝玉石	10％
五、鞭炮、焰火（不含体育用的发令纸、鞭炮药引线）	15％
六、成品油	
1. 汽油	1.52 元/升
2. 柴油	1.20 元/升
3. 石脑油（也称化工轻油）	1.52 元/升
4. 溶剂油	1.52 元/升
5. 航空煤油（暂缓征收）	1.20 元/升
6. 润滑油	1.52/升
7. 燃料油（也称重油、渣油）	1.20 元/升

税目	税率
七、小汽车	
1. 乘用车	
(1)气缸容量在 1.0 升(含 1.0 升)以下的	1％
(2)气缸容量在 1.0 升至 1.5 升(含 1.5 升)的	3％
(3)气缸容量在 1.5 升至 2.0 升(含 2.0 升)的	5％
(4)气缸容量在 2.0 升至 2.5 升(含 2.5 升)的	9％
(5)气缸容量在 2.5 升至 3.0 升(含 3.0 升)的	12％
(6)气缸容量在 3.0 升至 4.0 升(含 4.0 升)的	25％
(7)气缸容量在 4.0 升的	40％
2. 中轻型商用客车	5％
八、摩托车	
1. 气缸容量为 250 毫升的	3％
2. 气缸容量为 250 毫升以上的	10％
九、高尔夫球及球具	10％
十、高档手表	20％
十一、游艇	10％
十二、木制一次性筷子	5％
十三、实木地板	5％
十四、电池	4％
十五、涂料	4％

参考文献

[1]国家税务总局网站：www.chinatax.gov.cn.

[2]河南省地税局、上海市地税局等网站.

[3]王瑞玲. 纳税基础与实务[M]. 北京：人民邮电出版社，2015.

[4]全国注册会计师职业资格考试教材编写组. 税法[M]. 北京：中国财政经济出版社，2017.